KB077871

능력 있는 사람은 질문법이 다르다

능력있는 사람은

원하는 대답을 이끌어내는 **252가지 실전 기술**

히오다 마사토, 마쓰다 미히로 지음 | **박종성** 옮김

질문법이 다르다

마음을 움직이는
질문의 힘

처음 만난 사람과 무엇을 이야기해야 할지 모르겠다.

대화를 생각한 대로 이어가기가 어렵다.

부하직원을 육성하기가 생각보다 어렵다.

팀원들이 각자 따로 움직이니 조직력을 발휘할 수 없다.

나 스스로에 대한 자신감이 부족하다.

혹시 이런 고민 해본 적 없나요? 이런 고민들과 자신감 부족 문제를 해소할 수 있는 도구가 바로 '질문'입니다.

저는 질문을 활용해 개인과 조직이 영업력을 강화하고 인재를 육성할 수 있도록 돕는 컨설팅 서비스를 제공하고 있습니다. 저의 기본 원칙은 '고객을 직접 지도하지 않는다'입니다. "이렇게 하세요", "저렇게 하세요" 식으로 일일이 가르쳐서는 다음 지시만 멀뚱히 기다리게 할 뿐이죠.

반면 "지금 해야 할 것은 뭐라고 생각해요?", "이제 어떻게 하실 건가요?", "그때 보고했던 것은 어떻게 됐어요?"라고 계속해서 질문을 던지다 보면 결국 스스로 생각하고 알아서 행동하는 '자립형' 직원들을 양성할 수 있습니다. 그러니 사장님들도 이런 방식을 좋아하실 수밖에요.

원래 저는 "굳이 이런 것까지 설명해주실 필요가 있나요?"라는 피드백을 들었을 정도로 하나하나 꼼꼼히 가르치는 성격이었습니다. 그러던 어느 날, 한 회사 대표님이 이렇게 말씀하시더군요.

"히오다 씨가 회사에 계셨을 때야 다들 열심히 했죠. 그런데 프로젝트가 끝나니 원래 상태로 돌아가더라고요."

'가르치는 것만으로는 충분하지 않다면 무엇을 어떻게 해야 할까?' 이런 깊은 고민에 빠져 있었을 때 경영의 아버지로 칭송받는 피터 드러커 교수의 명언을 우연히 접했습니다.

"답을 내놓으라고 강요할 바에는 차라리 좋은 질문을 던져라."

그때 저는 비로소 가르치는 것보다 좋은 질문을 던지는 것이 훨씬 더 중요하다는 사실을 깨달았습니다. 그래서 컨설팅 서비스를 제공할 때마다 '질문'을 본격적으로 활용하기 시작했습니다. 오늘날 연간 200일 이상 출강하고 컨설팅 서비스를 제공할 수 있었던 것은 질문을 활용한 컨설팅 프로젝트로 '매출액 3배 신장', '팀 활성화를 통한 이직률 0% 달성', '업무 개선을 통한 야근 시간

6

50% 단축', '3개월 내 신입사원 정예화 목표 달성' 같은 성과를 거두도록 지원했기 때문입니다.

이 책에는 상황별로 즉시 활용할 수 있는 유용한 질문 사례 252가지와 왜 이런 질문을 던져야 하는지 설명해주는 원 포인트 해설이 수록돼 있습니다. 각 질문의 핵심을 파악한 후에는 함께 제공하는 예문을 참고해 자신의 입에 붙는 표현으로 자유롭게 재구성하기 바랍니다.

가족이나 친구들 그리고 동료들과 더 나은 인간관계를 쌓아가고 싶다면 이 책을 꼭 참고하세요. 회의 성과를 끌어올리고 싶거나 직원들을 교육하고자 할 때 활용하는 것도 좋은 방법입니다.

히오다 마사토

워밍업

'질문력'을 기르기 위한 10가지 기초 지식

CHAPTER 1

상대방의 호감을 얻는 질문법

질문 하나로 좋은 인상을 남길 수 있다!

CHAPTER 2

대화에 활력을 불어넣는 질문법

질문 하나면 대화가 술술 풀린다!

CHAPTER 3

사람을 성장시키는 질문법

질문 하나가 도약의 발판이 된다!

CHAPTER 4

상대방의 의욕을 북돋는 질문법

질문 하나로 생각과 행동을 바꾼다!

CHAPTER 5

능력 있는 사람들의 습관, 자문자답

자신과의 대화로 최고의 질문법을 완성하라!

이 책의
활용법

어떤 상황도
원하는 대로 이끌어가는
실전 질문법 252가지

Case
비즈니스, 일상생활, 인간관계 등 상황별 목표

Bad
습관적으로 사용하는 나쁜 질문

Good
원하는 대답을 이끌어내는 좋은 질문

덧붙이는 질문
표현을 바꿔본 '이렇게 질문해도 OK'
본격적으로 대화를 시작할 수 있는 '추가질문'
대화를 계속 이어가기 위한 '플러스알파 질문'

원 포인트 해설
원하는 대답을 이끌어내기 위해 꼭 기억할 핵심 스킬과
질문의 목적과 기대할 수 있는 효과에 대한 안내

이 책에서는 일상생활과 비즈니스에서 활용할 수 있는 '질문법'을 소개한다. '이렇게 짧게 물어도 될까?'라고 생각할 수도 있지만 실제로 써보면 효과가 아주 좋다는 것을 알게 된다. 원 포인트 해설의 핵심이 무엇인지 파악했다면 예문은 입에 붙는 표현으로 자유롭게 재구성해도 된다. 시원시원한 답을 들었다면 좋은 질문을 던졌다는 증거다.

☑ 업무효율 높이기

왜 그렇게
오래 걸려요?

어떤 순서로 진행하면
잘 될 것 같아요?

☑ 추가질문
완성하기까지 시간이 얼마나 필요해요?

일의 순서를 '시뮬레이션'하게 돕는다.
시간낭비가 심한 사람에게는 어떤 순서로 진행할지 시뮬레이션하게 한다. 이를 계기로 상대방은 일하는 방식을 개선할 수 있고, 일의 순서를 염두에 두는 습관을 기를 수도 있다. 궁극적으로는 낭비 없는 업무 프로세스를 설계하는 데 필요한 역량을 갖추게 된다.

'질문력'을 기르기 위한
10가지 기초 지식

질문하는 사람의 태도

질문은 동서고금, 남녀노소를 불문하고 언제 어디서나 통하는 매우 심플한 도구다. '가는 말이 고우면 오는 말도 곱다'는 말처럼 좋은 질문은 좋은 대답을 부르기 마련이다. 좋은 질문을 던질 줄 안다면 더 좋은 인간관계를 쌓을 수 있다.

평소 사용하는 질문에 부정적인 말이 들어 있지 않은가? 부정적인 뉘앙스로 물으면 할 수 없는 이유만 돌아오기 마련이다. 반대로 긍정적인 뉘앙스로 물으면 '이렇게 하면 될 것 같다'는 건설적인 아이디어를 도출할 수 있다. 이렇게 질문하는 습관을 조금만 바꾸면 상대방의 반응도 달라지는 것을 경험하게 될 것이다.

"왜" + "할 수 없어요?"
'왜 + 부정형' 질문은 소극적인 데다 상대방을 위축시킬 수도
있다.

 "어떻게 해야" + "할 수 있겠어요?"
'어떻게 해야 + 긍정형' 질문은 발전적인 아이디어를 끌어낼
수 있다.

'반드시 이래야 한다', '이렇게 대답했으면 좋겠다'는 생각을 가지고 물으면 대답할 내용을 처음부터 한정짓는 것이나 다름없다. 서로 묻고 답하면서 인간관계를 더욱 공고히 해나가고 싶다면 다음의 3가지 포인트를 염두에 둬야 한다.

① 판단하지 않는다

상대방의 주장이 나의 생각과 다르다고 해서 '그건 틀렸어!'라고 판단하지 말아야 한다. '그렇게 생각하는구나'라고 중립적인 태도에서 이유가 무엇인지 묻는다.

> **예시** 나는 적절했다고 생각하는데, 그렇지 않아요? (×)
>
> 그렇게 생각하는군요. 어떤 부분이 납득하기 어렵나요? (○)

② 컨트롤하지 않는다

'이렇게 행동했으면 좋겠다', '이렇게 대답했으면 좋겠다'고 생각하면 질문의 가면을 쓴 '명령'이 될 수 있다. 상대방이 어떤 생각을 하는지 먼저 확인한다.

> **예시** 올해 매출목표 달성을 위해서 힘써주실 거죠? (×)
>
> 올해 매출목표 달성을 위해서 어떻게 하면 좋겠어요? (○)

③ 너무 기대하지 않는다

기대했다가 생각대로 되지 않으면 화가 나거나 실망하기 마련이다. 상대방이 어떤 생각을 갖고 있는지 충분히 듣고 지시하면 기대에서 크게 벗어나지 않을 것이다.

> **예시** 이 제품, 거래처 오 과장에게 보내줘요. 편지도 잘 써서요. (×)
>
> 거래처 오 과장에게 이 제품을 보낼 때 편지도 넣어줘요. 편지에는 뭐라고 써야 좋아할 것 같아요? (○)

좋은 질문의 효과

수동적인 자세로 배운 것은 금방 잊어버리지만 능동적으로 배운 것은 그렇지 않다. 좋은 질문을 던질수록 답하는 사람은 적극적으로 대답하기 마련이다. 그리고 질문을 주고받는 과정에서 참신한 아이디어가 나오고 의욕이 생길 수 있다.

이렇게 좋은 질문은 능동적으로 학습할 기회를 만들어준다. 질문을 받은 사람에게 스스로 생각하고 느끼면서 납득해 행동하도록 유도하기 때문이다. 누군가를 성장시키고 싶다면 일방적으로 가르치기보다 좋은 질문으로 '스스로 깨달을 기회'를 제공해야 한다.

다음은 좋은 질문을 던졌을 때 기대할 수 있는 효과들이다.

① 아이디어를 끌어낸다

질문으로 기분 좋게 대화할 수 있는 분위기가 만들어지면 더욱 신바람 나는 시간이 될 수 있을 뿐만 아니라 좋은 인상도 줄 수 있다. 이런 환경에서는 참신한 아이디어와 유의미한 제안을 더 쉽게 끌어낼 수 있다.

예시 마음대로 할 수 있다면 뭘 시도해보겠어요?

② 의욕을 불어넣는다

"이 일은 얼마나 보탬이 될까요?", "어떤 사람이 되고 싶나요?", "이것을 통해 무엇을 얻기를 기대해요?" 같은 질문은 새로운 동기부여의 계기가 되고 성장을 촉진한다. 즉 '의욕'이라는 스위치를 켜는 것이다.

> **예시**   지금 하는 일은 어떤 성과를 낼 것 같아요?

③ 문제해결 능력을 길러준다

문제가 생겼을 때 지나간 시간을 돌아보는 것 못지않게 앞으로 나아갈 수 있는 해결책을 찾으려는 노력이 반드시 필요하다. '무엇을 어떻게 해야 이 문제를 해결할 수 있을까?'라는 질문을 던짐으로써 스스로 생각해 대책을 세우고 주도적으로 문제해결을 위해 행동하게 할 수 있다.

> **예시**   어떻게 하면 잘 될 것 같아요?

④ 깨달음을 얻게 한다

"그 사람이라면 어떻게 했을까요?"처럼 다른 사람의 입장이 되면 새로운 시각으로 세상을 바라볼 수 있게 되고 그 과정에서 깨달음도 얻는다. 또한 타인의 의견을 귀담아 듣는 유연한 자세도 기를 수 있다.

> **예시**　이럴 때 회장님은 어떻게 하셨을까요?

⑤ 팩트를 구분할 수 있게 된다

듣는 사람이 선입견을 갖고 있으면 정보를 제대로 전달하기 어렵다. 그럴수록 질문할 때 최대한 초점을 좁혀야 감정과 편견을 개입시키지 않고 팩트에만 집중시킬 수 있다.

> **예시**　이번에 발생한 문제의 근본 원인은 무엇이고, 우리는 어떤 교훈을 얻어야 할까요?

질문하기 전에 꼭 체크할 것들

같은 내용이더라도 어떻게 질문하느냐에 따라 효과는 크게 달라진다. 효과적으로 질문하려면 먼저 상대방이 쉽고 편하게 답할 수 있는 환경을 마련해야 한다. 이를 위해서는 질문하는 사람의 미소와 여유가 필요하다. 그리고 적절한 대상에게 때에 맞춰 질문을 던지는 것도 중요하다. 또한 그 질문이 '적극적인 답'을 끌어내는 데 도움이 되는지도 확인해야 한다.

질문하기 전에는 다음의 5가지를 반드시 확인하자.

① 상대방은 질문 대상으로 적절한가?

정확히 답할 수 있는 사람에게 질문하는 것이 중요하다. 따라서 누구에게 물어야 할지 잘 판단하는 것이 중요하다. 확신할 수 없을 때는 돌다리를 두드리듯 "○○○에 대해 여쭤보고 싶은데요"라는 말로 시작한다. 감을 잡을 수 없다면 "○○○에 대해서는 어떤 분에게 여쭈면 좋을까요?"라고 주변에 확인하는 것도 좋다.

> **예시** 이런 문제는 ○○ 씨에게 물어보면 될까요?

② 질문하기에 적절한 타이밍인가?

아무리 좋은 질문을 준비했더라도 상대방이 답할 준비가 안 돼 있으면 의미가 없다. 따라서 질문을 받을 사람의 상황이 어떠한지 고려하면서 적절한 타이밍에 물어야 한다. 질문하기에 적절한 상황인지 직접 확인하고 싶다면 "지금 잠시 시간 괜찮으세요?"라고 먼저 물어본다.

예시   월말이라서 바쁘시죠? 잠깐 이야기할 수 있을까요?

③ 나는 상대방에게 어떻게 비춰지고 있을까?

질문하는 사람이 풍기는 느낌도 중요하다. 상대방이 나에게 좋은 감정을 갖고 있지 않으면 대화를 만족스럽게 풀어갈 수 없기 때문이다. 사람의 인상을 좌우하는 가장 중요한 요소는 바로 '미소'다. 상대방이 안심하고 당신을 신뢰할 수 있도록 가능한 한 밝은 표정으로 대화를 나누도록 한다.

예시   나는 지금 마음에 여유가 있나?
　　　　내 표정은 미소를 띠고 있나?

④ 긍정적인 결과를 얻을 수 있는 질문인가?

질문하기 전에 의도가 무엇인지, 무엇을 확인하기 위한 질문인지를 점검해보는 것도 중요하다. 상대방이 부정적으로 답하거나 변명하지 않고, 즐거운 기분으로 많은 이야기를 풀어낼 수 있도록 질문할 내용을 사전에 꼼꼼히 살펴본다.

> **예시**　이 질문으로 얻고자 했던 것이 뭐였지?

⑤ 상대방에게 도움이 되는 질문인가?

특별한 목적 없이 단지 궁금해서 또는 책임을 추궁하기 위해서 묻는 것은 좋지 않다. 어떤 문제에 대해서 물을 때도 오로지 '어떻게 하면 이 문제를 해결할 수 있을지'에 초점을 맞춰야 한다. 상대방도 답하는 과정에서 깨달음을 얻도록 서로에게 유익한 질문을 던져야 한다.

> **예시**　이 질문은 그 사람에게도 도움이 될까?

질문의 종류

질문은 목적과 기대 그리고 상황에 따라 나눌 수 있다. 대답을 제한하지 않고 이야기를 확장하기 위한 질문, 반대로 대답을 한정하기 위한 질문, '예' 또는 '아니오'의 짧은 대답을 유도하는 질문 등이 그것이다. 그중에는 상대방을 곤란하게 하거나 답하기 어렵게 만드는 질문도 있다.

아래 제시한 4가지 형태의 질문은 많은 사람들이 흔히 사용하고 있는 잘못된 질문들이다. 자신도 업무나 일상에서 이렇게 하고 있지는 않은지 살펴보도록 하자.

① 무응답 질문

언뜻 들으면 궁금해서 물어보는 것 같지만, 실은 '질책하는 말을 일방적으로 쏟아내는 것'이다. 상대방은 끽소리도 못하고 침묵으로 일관한다거나 잘못했다는 말만 반복하게 되기 때문에 이렇게 부른다.

> **예시**   얼마나 더 화를 내야 제대로 하겠어요?

② 심문형 질문

예기치 않은 문제가 발생했을 때 그 일이 벌어지게 된 경위가 무엇인지 '캐묻는 것'을 말한다. 원인 규명이나 재발 방지에 도움이 되기도 하지만, 질문을 받는 사람의 입장에서는 결코 기분이 좋을 리 없다.

> **예시** 이런 일이 벌어질 때까지 내버려둔 이유가 뭐죠?

③ 막 던지는 질문

그다지 급하지 않고 중요하지도 않지만 알고 싶고 납득하고 싶은 것을 깊이 생각하지 않고 묻는 것을 말한다. 보통 상대방의 의사를 고려하지 않고 던지는 질문인 만큼 실례가 될 수도 있다.

> **예시** 결혼은 하셨어요?

④ 퀴즈형 질문

퀴즈처럼 단 하나의 정답을 요구하는 질문이다. 답을 모르는 사람이나 못 맞춘 사람에게는 불쾌감을 줄 수 있다. 경우에 따라서는 상대방을 위축시킬 수도 있으니 주의가 필요하다.

> **예시** 오늘이 무슨 날일까요?

아래 제시한 4가지 형태의 질문은 대화를 효과적으로 이어갈 수 있는 바람직한 질문들이다. 자연스럽게 활용할 수 있도록 꾸준히 연습하는 것이 좋다.

① 개방형 질문

여러 개의 답이 나올 수 있는 질문이다. 답이 단 1개가 아닌 만큼 이야기가 여러 갈래로 확대·전개될 가능성이 크다. 이러한 개방형 질문에 '5W1H' 질문(③)을 가미하면 더욱 풍성한 대화를 나눌 수 있다.

> **예시**   이번 여행은 어디로 가고 싶어요?

② 폐쇄형 질문

'예' 또는 '아니오'로 답할 수밖에 없는 질문이다. 대답과 결론이 빨리 나오기 때문에 '스피드 퀘스천'이라고도 부른다. 가부를 확실히 하고 싶을 때, 상대방의 양해를 구하고 싶을 때, 말한 내용을 이해했는지 확인하고 싶을 때 효과가 있다. 그러나 상대방이 '아니오'로 답할 경우 대화가 중단되는 만큼, 대화의 확장성에서는 좋지 않다.

       다음주 월요일에 열리는 간담회에 올 수 있나요?

③ 5W1H 질문

구체적인 정보와 상세한 내용을 파악하고 싶을 때 효과적인 질문
유형이다. '더욱 폭넓은 대화를 위한 6가지 방법'이라고도 표현할
수 있다. 특히 대화가 막혔을 때 사용하면 효과 만점이다.

   예시   When(언제), Where(어디서), What(무엇을),

          Who(누가), Why(왜), How(어떻게)

④ 인사형 질문

질문의 형태를 띠고 있지만 인사의 일종이다. 상대방의 답을 기
대하기보다 기분 좋은 말을 건네서 호의를 표현하려는 경우가 대
부분이다. 사람들과 어울리기 위해 겉치레로 하는 말이라고도 할
수 있다.

   예시   그동안 잘 지내셨죠?

'받아들이기'와 '납득하기'의 차이

물어봐서 답했을 뿐인데 거기에 대고 부정적인 말을 늘어놓거나 비판을 해대면 더 이상은 말하고 싶지 않을 것이다. 질문하는 사람은 기본적으로 중립적인 자세를 가져야 하고(⇨ 16쪽), 대답을 들을 때에도 내 생각은 내려놓고 상대방의 답변을 '있는 그대로' 받아들여야 한다.

　'받아들이기'란 상대방의 이야기를 들을 때 나의 주관을 개입시키지 않는 것을 의미한다. 하지만 받아들인다고 모든 것을 찬성하는 것은 아니다. 반면, '납득하기'란 상대방의 의견에 대해 찬성하거나 공감하는 것을 의미한다.

① 받아들이기
상대방의 이야기에 대해 찬성이나 반대 의사를 드러내지 않고 우선 '끝까지 잘 들어보는 것'이다.

> **예시**　그렇군요.
> 　　　그렇게 생각할 수도 있겠네요.

② 납득하기
"그래, 좋아요" 또는 "꼭 그렇게 해봅시다"처럼 받아들이기에서

한 걸음 더 나아가서 상대방의 주장이나 의견에 대해 찬성하거나
공감하는 것을 의미한다.

예시 A 젊은 직원들이 모여서 뭔가 시작한다면서요?

      B 퇴근 후 스터디를 계획하고 있어요.

      A 네. 뭐… 잘 해보세요. (×)

      근데, 누구한테 허락을 받았죠? (×)

      A 아하, 스터디를 기획하고 있었군요. (○)

      (받아들이기 : 이야기를 듣고 찬성도 반대도 하지 않음)

      대단한데요. 그거 좋네요. 같이 참여해도 될까요? (○)

      (납득하기 : 찬성하고 함께 하려는 의사를 밝힘)

좋은 답변을 위한 신뢰와 기다림

질문했을 때 바로 답변이 나오지 않는 경우도 있다. 이럴 때는 "대답은 나중에 해도 괜찮아요"라고 말하며 우선 대화를 일단락 짓는다. 무리해서 즉흥적으로 답하게 하기보다 적절한 답을 찾을 때까지 생각해볼 기회를 주는 것이다. 상대방이 답을 얻을 때까지 충분히 사고할 것이라고 믿고 아무리 시간이 걸리더라도 응원하는 자세로 기다리는 것이 중요하다. 이후 대답을 듣게 된다면 꼭 고맙다는 말과 함께 소감을 덧붙이는 것이 좋다. 그러면 상대방도 보람을 느낄 것이다.

예시   A 이번 경험은 어떤 의미가 있었던 것 같아요?

B 음, 글쎄요….

A 그럼, 좀 더 생각해보고 나중에 알려줘요.

- -

(시간이 지난 후)

B 처음엔 잘 몰랐지만, 물어보신 뒤로 생각해보니 이젠 알 것 같아요. 제 고집이 얼마나 셌었는지 깨닫는 데 도움이 됐어요.

A 그래요. 이야기해줘서 고마워요. 답변을 들으니 한층 성장한 것 같아 기쁘네요.

진심을 담는 그릇, 리액션

자신이 던진 질문에 상대방이 답을 하면 반드시 리액션을 한다. 이때 중요한 것은 말이 아니라 리액션하는 사람의 표정과 태도다. 표현력이 핵심인 것이다. 적절한 표정과 태도를 통해 '당신의 이야기를 진지하게 듣고 있어요', '무슨 말인지 잘 이해하고 있어요'라는 메시지를 제대로 전달할 수 있다.

　상대방으로부터 받아들이는 이미지 중 50% 이상이 표정이나 태도 같은 '시각 정보'로 구성되어 있고 의미를 담은 '언어 정보'는 7%에 불과하다. 이것을 '메라비언의 법칙(The Law of Mehrabian)'이라 한다.

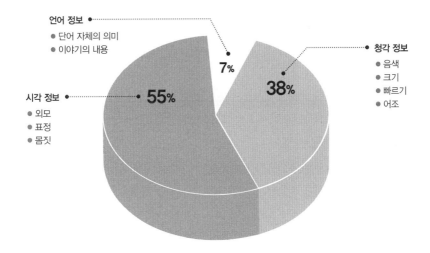

메라비언의 법칙

언어 정보 ●
　● 단어 자체의 의미
　● 이야기의 내용

청각 정보 ●
　● 음색
　● 크기
　● 빠르기
　● 어조

시각 정보 ●
● 외모
● 표정
● 몸짓

7%

38%

55%

예를 들어, "그렇군요"는 어떤 상황에서도 다양한 뉘앙스로 활용할 수 있는 기본적인 리액션이다. 기본적으로 '당신의 이야기를 잘 들었다'는 것을 뜻하며 기쁨·슬픔·놀람 등 다양한 감정도 담을 수 있다. 아래 제시한 3가지 사례를 보면 같은 표현도 상황에 따라 단어 자체의 의미를 넘어 다른 뉘앙스를 가질 수 있음을 알 수 있다.

① 좋은 일을 이야기할 때

예시 A 뭐 좋은 일 있었어요?

B 어제 제 생일파티 때 친구들이 깜짝 이벤트를 해줬거든요!

A <u>그렇군요.</u> 좋았겠어요! 무슨 이벤트였는지 더 얘기해줄래요?

② 슬픈 일을 이야기할 때

예시 A 혹시, 벚꽃이 떨어질 때마다 떠오르는 추억이 있어요?

B 돌아가신 아버지가 생각나요. 한창 벚꽃이 떨어질 때 납골당에 모셨거든요.

A <u>그렇군요….</u> 아버님과 이별했던 기억이 떠올라서 마음이 아프겠어요.

③ 화가 났던 일을 이야기할 때

예시　A 왜 그래요? 무슨 일이라도 있어요?

　　　　B 제 얘기 좀 들어보세요. 어제 정말 화나는 일이 있었어요.

　　　　A <u>그렇군요!</u> 도대체 무슨 일이었는데요? 보통 일이 아니었나 보
　　　　네요.

상황에 따른 리액션

리액션은 대화의 분위기를 형성하므로 세심하게 주의를 기울일 필요가 있다. 특히 중요한 것은 '리듬감'이다. 나이가 비슷하거나 어린 사람에게는 친근감을 주는 표현, 윗사람이나 처음 만나는 사람에게는 정중한 표현을 사용한다.

① 친근한 느낌의 리액션

상대방의 나이가 자신과 비슷하거나 어릴 경우 리액션을 할 때 너무 딱딱한 표현을 사용하면 상대방을 위축시키거나 때로는 기분을 상하게 할 수도 있다. 이럴 때는 겸손한 자세로 형식을 갖추지 않은 친근하고 소탈한 표현을 사용하는 것이 좋다. 상대방이 언급했던 표현을 다시 사용하면 심리적 거리를 줄이는 데 도움이 된다. 다만, 지나치게 격식을 무시한 나머지 품위 없는 말투나 저속한 표현을 사용하지 않도록 주의한다.

> **예시**　A 환송회 겸 환영회는 어디가 좋을지 결정했어요?
>
> 　　　　B 여러모로 고민해보니 유람선에서 행사를 진행하는 게 제일 나을 것 같아요.
>
> 　　　　A 역시! 그거 괜찮은 생각이네요.
>
> 　　　　B 이것 말고도 재밌는 아이디어가 많이 나왔어요.

만약 상대방의 이야기에 전적으로 동의할 수 없더라도 우선 긍정적인 반응을 보이도록 한다. 그렇게 되면 대화를 더욱 풍성하게 이어갈 수 있고, 마음의 문이 열려 다른 의견을 받아들일 수 있는 여유를 가지게 된다. 편한 상대일수록 때로는 자신도 모르게 입버릇처럼 부정적인 뉘앙스의 리액션이 튀어나오기도 하니 주의하도록 한다.

O			X
세상에!	호오!	그런 거였구나.	과연 그럴까요?
끝내주네요!	멋져요!	와!	말도 안 돼!
그러게 말이에요.	더 얘기해줘요.	역시!	가능할까요?

② 정중한 느낌의 리액션

윗사람이나 처음 만나는 사람, 업무 관계로 만난 사람에게는 리액션을 하더라도 정중한 표현을 사용한 적절한 리액션으로 상대방의 이야기를 잘 듣고 있다는 것을 확인시켜줘야 한다. 이때 중요한 점은 진지한 태도를 유지하는 것이다. 상대방이 이야기하는 도중에 궁금한 것이 생기거나 다른 의견이 있더라도 중간에 말을 끊지 않고 끝까지 듣는 것은 기본적인 예의다. 상대방의 말이 끝나면 "조금 더 자세히 말씀해주시겠어요?", "그 다음에는 어떻게 됐나요?"처럼 더 많은 이야기를 끌어낼 수 있는 표현을 사용하는 것도 바람직하다.

예시 A 내년 제품 라인업을 어떻게 계획하고 계신가요?

B 판매할 제품 종수를 늘리려고 합니다.

A 좀 더 구체적으로 설명해주시겠어요?

B 기존 라인업에 자매품을 추가해서 중장년층을 새롭게 공략해
보려 합니다.

한편 "아니요", "그렇지만" 등으로 시작하는 부정적 뉘앙스로
리액션을 하는 것은 반드시 삼가야 한다. 편한 관계가 아닌 만큼
상대방에 대한 존중과 인정의 마음으로 대화를 하도록 한다.

O		×
세상에!	예, 잘 알겠습니다.	아니요….
아, 그런 거였군요.	그렇군요.	그렇지만….
멋지네요!	끝내줍니다!	아직은 좀….
훌륭합니다.	저도 본받고 싶습니다.	아무래도….
그 후에는 어떻게 됐나요?	좀 더 말씀해주세요.	이왕이면….
저는 도저히 흉내 내지 못할 것 같아요.	그 기분 저도 알 것 같습니다.	그렇게 보기는 어려울 것 같은데….

대화를 이어가는 심화 질문

상대방이 답을 하면 대화의 깊이를 더하는 '심화 질문'을 던져 보자. 길이가 짧고 단순한 질문이지만 곧바로 상대방의 반응을 끌어낼 수 있다. 적절히 활용하면 대화의 폭을 넓혀가는 데에도 도움이 된다.

① 새로운 관점과 사례를 끌어내는 질문

동일한 대상이라도 다른 측면에서 보도록 유도하면 또 다른 어떤 요소가 있는지, 그 외에 어떤 예를 들 수 있는지 등 여러 가지 이야깃거리를 떠올릴 수 있다.

> **예시** A 어제 산업융합 간담회에 다녀왔어요.
> B 아, 그랬구나. 어땠어요? 재밌었어요?
> A 농업에 ICT를 활용한 스마트팜 스타트업을 하는 기업인 사례가 꽤 흥미로웠어요.
> B 그밖에는요? 어떤 사람들이 참석했어요?

② 더 자세한 설명을 끌어내는 질문

"구체적으로 뭐죠?", "그렇다면 뭐가 더 좋아질까요?", "더 설명해 주세요" 등의 질문으로 더 많은 이야기를 끌어낼 수 있다.

예시   A 스마트팜 스타트업에서 재밌는 일을 구상하고 있더라고요.

　　　B 오, 그래요? 구체적으로 뭐였나요?

　　　A 사물인터넷을 활용해서 환경을 제어하고 로봇으로 유기농 야

　　　　채를 수확할 계획이라고 해요.

③ 사실관계와 상대방의 의사를 확인하는 질문

거듭 확인하는 뉘앙스를 가지고 있기 때문에 사실관계를 확인하고 싶을 때 사용하면 좋다. 또한 상대방에게 의지가 있는지를 확인할 때에도 효과적이다.

예시   A 저도 그 일을 돕고 싶었어요.

　　　B 정말인가요?

　　　A 네, 저희가 하는 일에도 도움이 될 것 같아요.

④ 의미를 확인하기 위한 질문

같은 단어에도 사람마다 떠올리는 이미지는 다르다. "○○○란 어떤 의미인가요?"는 구체적으로 어떤 의미와 뉘앙스로 말했는지를 확인할 때 던지는 질문이다. 서로 다른 관점을 일치시키는 데 효과적인 표현이다.

예시   A 아이디어가 넘치는 걸 보니 반드시 성공하겠구나 생각했어요.

B 말씀하신 <u>성공이란</u> 구체적으로 어떤 거죠?

A 좋아하는 일을 하기 위해 돈과 시간을 투자할 수 있는 것 아닐까요?

대화를 주도하는 방법

질문을 던지고 대답을 듣는 대화의 과정은 캐치볼과 비슷하다. 대화라는 캐치볼을 계속 즐기려면 상대방의 대답 속에 숨은 '키워드'를 포착하는 것이 핵심이다. 그 사람의 취미나 평소 모습 혹은 가족 구성 등 자연스럽게 화제를 넓히는 데 도움이 될 이야깃거리를 대답 속에서 찾아본다. 이렇게 받아치기 쉽고 대답하고 싶도록 질문을 던지면 상대방도 시원한 답을 주기 마련이다. 이렇게 대화를 주고받다 보면 인간관계를 돈독히 하는 데도 도움이 된다.

예시   A 휴일에는 보통 어떻게 지내세요?

　　　 B <u>한가롭게</u> 보내는 것을 좋아해서 <u>공원</u>에 가서 <u>책</u>을 읽곤 해요.
　　　　　　 ①　　　　　　　　　　　 ②　　　　 ③

- -

①　　 A 한가롭게 보내고 싶을 때 공원에 가는 것 말고 다른 것은 무엇
　　　　 이 있나요?

　　　 A 힐링하기에 제일 좋은 방법은 무엇이 있을까요?

②　　 A 그 공원은 어디에 있어요?

　　　 A 어느 공원인가요?

③　　 A 무슨 책을 읽으세요?

　　　 A 읽었던 책에서 어떤 부분이 제일 재밌었나요?

앞의 사례처럼 짧은 문장에서도 얼마든지 키워드를 뽑아낼 수 있다. 대신, 무엇을 키워드로 삼을지는 스스로 결정해야 한다. 상대방의 모습이나 이야기의 전체적인 흐름을 살핀 뒤 '가장 쉽게 설명해줄 수 있을 만한 화제'를 선택해서 질문을 던져본다.

지금까지 좋은 질문을 하기 위한 10가지 기초 지식을 알아보았다. 이 내용들을 잘 기억하면서 이어지는 실전 질문법을 살펴보도록 한다. 비즈니스와 일상, 관계 등 다양한 상황에서 흔히 사용하는 잘못된 질문 습관을 깨닫고, 원하는 답을 이끌어내 목적을 이루는 좋은 질문법을 연습할 수 있을 것이다.

앞에서부터 순서대로 보지 않아도 된다. 자신이 처한 상황이나 필요한 질문법을 골라 봐도 된다. 매일 5분씩이라도 꾸준히 연습하고 자연스럽게 사용할 수 있도록 하는 것이 중요하다.

이제 시작해보자.

CHAPTER

1

상대방의
호감을 얻는
질문법

질문 하나로
좋은 인상을 남길 수 있다!

좋은 인상을 남기려고 말을 많이 할 필요는 없다. 누구나 내 이야기에 귀 기울이기를 바란다. 좋은 질문을 던져서 상대방이 이야기를 꺼내도록 할 수 있다. 그렇게 되면 상대방은 '기분 좋게 얘기했다', '내 얘기를 잘 들어줬다'는 느낌을 받으면서 좋은 감정을 갖게 될 것이다.

1. 어떤 사람인지 파악하기 위한 질문

처음 만났거나 친하지 않은 사람과 대화할 때는 이름과 고향을 먼저 묻고 좋아하는 것을 알아본다. 그러면 '관심받고 있다' 그리고 '인정받았다'고 느껴 호감을 갖게 된다. 또한, 상대방의 관심사와 생각을 파악할 수 있어 이를 바탕으로 친분을 쌓을 수 있다.

관련 테마

첫인사하기(⇨47쪽~)   관심사 파악하기(⇨49쪽~)

2. 기분 좋게 답하도록 하는 질문

하고 싶은 이야기에 상대방이 귀를 기울이면 기분이 좋아진다. 이것저것 물어보는 것도 기분 좋게 대화를 풀어가는 좋은 방법이다. 그리고 무엇에 관심을 갖는지 파악하고 높이 평가해주면 이야깃거리는 더욱 풍성해질 것이다.

관련 테마

칭찬하기(⇨54쪽~)　　배우기(⇨63쪽~)

3. 상대방을 소중히 여긴다는 것을 알리는 질문

요즘 컨디션은 어떤지, 당장 도움이 필요한 일은 없는지를 물으면 '나를 걱정해주는구나', '나를 소중히 여기는구나' 하고 느낄 것이다. 고민 없이 바로 대답할 수 있는 '답하기 쉬운 질문'을 던지는 것도 상대방을 배려하는 좋은 방법이다.

관련 테마

배려하기(⇨58쪽~)　　관계 다지기(⇨66쪽~)

안녕하세요?
전화로 인사드린 ○○○ 입니다.

길이 막혀 고생하셨죠?
전화로 인사드린 ○○○ 입니다.

날씨가 많이 풀렸죠? 연락드렸던 ○○○ 입니다.

분위기를 풀어주는 '스몰토크'로 시작한다.

첫 만남은 누구에게나 긴장되기 마련이다. 딱딱한 분위기를 풀지 않고 본론으로 바로 들어간다면 만남이 끝날 때까지 무미건조할 것이다. 일상적이고 소소한 대화를 뜻하는 스몰토크를 활용하면 훨씬 자연스러운 분위기에서 만남을 시작할 수 있을 것이다.

어디서 태어나셨어요?

저는 서울 출신인데요, ○○ 씨는 어디 출신인가요?

☑ 추가질문

그곳의 유명 관광지는 어디에요?

나에 대해 '먼저' 설명한다.

출신과 관련된 이야기는 부드러운 분위기를 조성하고 서로 친밀감을 느끼게 한
다. 출신지를 물을 때는 느닷없이 '어디 출신이냐'고 묻기보다는 내 고향에 대한
이야기로 먼저 시작해보자. 그러면 상대방도 자연스레 자신의 이야기를 풀어나갈
것이다.

요즘 부쩍
기운이 없어 보이네요?

요즘 제일
좋았던 일은 뭐였나요?

그거 잘됐네요! 좀 더 자세히 얘기해줄래요?

'긍정적인 주제'에 초점을 맞춘다.

상대방이 어떤 일을 '좋은 일' 혹은 '잘된 일'로 여기는지, 즉 어떤 가치관을 갖고 있는지를 파악할 수 있는 질문이다. 상대방이 기쁨을 느끼는 포인트가 무엇인지 감을 잡았다면 추가 질문을 통해 대화의 폭을 더 늘린다. 이렇게 하면 계속해서 긍정적인 분위기로 이야기를 이어나갈 수 있으니 일거양득이다.

영화 '○○○' 보셨어요?

최근에 재밌게 본 영화는 뭐였어요?

최근에 재밌게 본 책이나 드라마는 뭐였어요?

대상을 한정하지 않는 '오픈 퀘스천'을 던진다.

무엇을 좋아하고 어떤 세계관을 갖고 있는지 파악할 수 있는 질문이다. ✘ 질문은 대답이 "아니오"로 나올 경우 대화가 바로 중단되어버린다. 따라서 어떤 대답이 나와도 대화를 이어갈 수 있는 오픈 퀘스천(⇨26쪽)을 던지는 게 좋다. 영화뿐 아니라 책, 드라마 등 다양한 주제로 폭넓게 응용할 수 있다.

최근에는 어디로 여행을 다녀오셨어요?

지금까지 가본 곳 중에서 어디가 제일 좋았나요?

☑ 추가질문

어떤 계기로 그곳에 가게 됐어요?

'추억이 깃든 여행'은 딱 좋은 주제다.

여행지 선택의 기준이 무엇이었는지, 여행지에서 어떤 새로운 체험을 했는지에 대해 대화를 나누면 가치관을 파악할 수 있다. 최근 다녀온 곳에 한정하지 말고 '인상 깊었던 여행'에 초점을 맞추자. 그러면 기분 좋은 대화뿐 아니라 상대방의 특징도 알게 된다.

취미가
뭐예요?

요즘에는 어떤 것에
관심이 있어요?

요즘 부쩍 눈에 들어오는 건 뭔가요?

상대방이 '푹 빠져 있는 것'을 화제로 삼는다.

취미를 물으면 분위기가 딱딱해질 수도 있지만 '관심 있는 것'이 무엇인지 물으면 부담 없이 답할 수 있다. 뿐만 아니라 요즘 가장 좋아하는 것이 무엇인지 알 수 있기에 심리적 거리를 좁히기에도 안성맞춤이다.

지난 주말에는
어디 다녀오셨어요?

휴일은 보통
어떻게 보내세요?

☑ 이렇게 질문해도 OK

평소 기분전환은 어떻게 하세요?

'여유시간을 어떻게 보내는지'가 중요하다.

휴일에 하는 것으로 상대방의 진면목을 알 수 있다. 날짜나 행동을 한정하지 말고 '휴일은 보통 어떻게 보내는지' 묻는다. 그러면 '좋아하는 요리'나 '요즘 배우고 있는 것', '상대방의 취향'은 물론 미처 예상하지 못했던 모습까지 발견할 수 있다.

그 시계
어디서 샀어요?

시계 멋있네요.
어디서 살 수 있나요?

☑ 추가질문

예물시계군요! 두 분은 어떻게 만나셨어요?

'칭찬하기 + 질문' 공식을 활용한다.

상대방의 멋진 소지품을 보자마자 어디서 샀는지, 무슨 브랜드인지 묻는 것은 바람직하지 않다. '칭찬'으로 시작해 궁금한 것을 물으면 기분 좋게 대화를 풀어갈 수 있다. 넥타이, 다이어리, 명함첩처럼 작은 물건이나 헤어스타일에 대해 이야기할 때도 두루 응용할 수 있다.

어쩌면 이렇게
관리를 잘하세요?

관리를 잘하시나 봐요.
특별히 하는 운동이 있나요?

☑ 추가질문

저에게도 자세히 가르쳐주실래요?

직접적인 것보다 '배경'을 묻는다.

자세·용모 등 겉모습을 긍정적으로 평가하고 싶으면 배경과 과정에 대해 질문한다. 이렇게 하면 단순히 칭찬만 할 때보다 상대방에 대한 관심이 더 효과적으로 전달된다. 배경을 알게 되면 따라할 수 있도록 가르쳐줄 수 있는지 묻는 것도 좋다.

어쩌면 표정이 그렇게 온화할 수 있나요?

미소가 참 멋지다는 얘기, 자주 들으시죠?

☑ 이렇게 질문해도 OK

다른 분들도 목소리가 참 좋다는 얘기 하시죠?

칭찬에 '객관적인 관점'을 덧붙인다.

칭찬할 때 "이런 얘기 자주 들으시죠?"처럼 제3자의 의견을 덧붙이면 신뢰감을 줄 수 있다. 이렇게 하면 '누구라도 그렇게 생각한다'는 뉘앙스를 풍길 수 있기에 그만큼 상대방의 매력이 한층 강조된다.

어떻게 해야
○○ 씨처럼 할 수 있나요?

○○ 씨 얘기는 자주 들었어요.
어떻게 그렇게 할 수 있나요?

☑️ 추가질문

저도 본받고 싶어요! 비결이 뭔지 여쭤봐도 될까요?

'간접적인' 칭찬이 좋다.

직접적으로 칭찬할 경우 자칫하면 아첨하거나 또는 비꼰다고 오해할 수 있다. 제3자에게서 전해들은 칭찬이나 소문을 곁들여 간접적으로 칭찬할 필요가 있다. 객관성이 더해지는 만큼 있는 그대로 전달할 수 있고, 어깨를 으쓱이게 할 수도 있다.

에어컨 바람이
너무 강한가요?

에어컨 바람이 강하죠?
온도를 조금 올릴까요?

따뜻한 물, 차가운 물 중에 어느 것을 드릴까요?

상대방을 주의 깊게 '관찰'한다.

상대방의 모습을 주의 깊게 관찰하면 지금 더위를 느끼는지 추위를 느끼는지 눈치 챌 수 있다. 추워하는 것 같으면 '온도를 높이는' 등의 구체적인 행동을 제안해보자. 상대방이 원하는 것을 말로 표현하면 호감도를 한층 높일 수 있다.

무슨 음식을 좋아하세요?

잘 못 드시거나 아예 못 드시는 음식이 있나요?

☑ 플러스알파 질문

술은 드시나요?

'Yes'보다 'No'를 확인한다.

식사 자리에서 좋아하는 음식을 물으면 '아무거나 괜찮다'고 하는 사람들이 있다. 상대방을 배려하려면 '무슨 음식을 싫어하는지' 묻는다. 그래야 잘 먹지도 못하는 음식을 대접해서 나쁜 인상을 준다든지 불필요한 배려를 하게 되는 일 없이 식사를 마칠 수 있다.

☑️ 배려하기

무슨 음식을
드시겠어요?

한식, 일식, 중식 중에
어떤 걸 제일 좋아하세요?

☑️ 이렇게 질문해도 OK

화덕피자와 초밥 중에 어떤 걸 더 좋아하세요?

'주관식' 말고 '객관식'을 사용한다.

배려의 경우 오픈 퀘스천(⇨26쪽)을 던지면 곤란해하는 사람도 있으므로 구체적인
선택지를 제시한다. '아무거나 괜찮다'고 말하는 사람도 하나를 고르는 것을 더 좋
아하기 마련이다. 이렇게 물으면 진짜 먹고 싶은 음식이 무엇인지 무의식중에 표현
하는 경우도 있다.

무슨 일로 오셨어요?

어서 오세요. 실례지만, 어떤 일로 오셨는지 여쭤도 될까요?

어서 오세요. 오늘은 무슨 약속으로 오셨나요?

용건이 무엇인지 '정중히' 질문한다.

성의를 다해 정중히 고객을 대하는 것은 기본 중의 기본이다. ✗ 질문은 고객을 가벼이 여기거나 수상하게 생각하는 인상을 주기 쉽다. "어서 오세요"라는 한마디를 덧붙이고 무엇을 원하는지 확인한다. 이미지는 이 짧은 순간에 만들어진다.

이 식당 요리, 맛있죠?

이 식당 요리, 입에 맞으세요?

☑ 플러스알파 질문

오늘 식사 중에 어떤 부분이 마음에 드셨나요?

내 생각을 '강요'하지 않는다.

여기는 최고급 레스토랑이라는 둥, 이 요리가 고급이라는 둥 대접하는 사람 마음 대로 특정 가치관이나 감동을 강요하면 분위기를 망칠 수도 있다. 상대방도 감동할 거라 확신하지 말고, 실제로 어떻게 느꼈고 어떤 부분이 마음에 들었는지 직접 묻자.

건강관리에
신경 쓰고 계세요?

건강관리에서
어떤 점을 가장 신경 쓰세요?

☑ 추가질문

이 방법은 시작한 지 얼마나 되셨어요?

'구체적인 방법'을 묻는다.

너무 광범위한 질문을 던지면 "예", "아니오"로 대화가 끝날 수도 있다. 주제를 좁히면 폭넓은 대화를 할 수 있다. "그 방법은 어떤 점에서 효과적인가요?", "싫증 내지 않고 계속할 비결이 있을까요?" 같은 추가 질문을 던지는 것도 대화를 이어가는 효과적인 방법이다.

야구
재밌나요?

야구의 어떤 점이
좋나요?

☑ 이렇게 질문해도 OK

야구의 매력은 한마디로 뭘까요?

'잘 모르는 주제'는 좋은 기회다.

스포츠나 연예계 소식 등 상대방의 관심을 파악했다면 친해질 좋은 기회를 마련한 셈이다. 아무리 흥미가 없는 주제라도 부정적인 질문은 금물이다. 어떤 점이 마음에 드는지, 매력이 무엇인지 적극적으로 물으면 분명 상대방도 기분 좋게 설명할 것이다.

노하우를
좀 알려주시겠어요?

고객과 첫 미팅 때
가장 신경 쓰는 부분은 뭔가요?

이럴 때 특별히 주의할 점이 있을까요?

업무와 관련해서는 '구체적으로' 묻는다.

풍부한 경험과 지식을 보유한 상대방에게 업무와 관련한 조언을 구하려 한다면 막연하게 물어서는 안 된다. 세부적인 상황을 설정해서 질문해야 상대방도 케이스별로 실질적인 도움이 되도록 구체적으로 설명할 수 있다.

안녕하세요,
오랜만에 뵙죠?

안녕하세요, 오랜만에 뵙죠?
사업은 잘 되시고요?

기분 좋아 보이네요. 좋은 일이라도 있었어요?

인사 후에 '근황에 대한 질문'을 이어간다.

인사만 나누면 그 이상 관계를 진전시키기 힘들다. 인사 후에 근황은 어떤지 자연
스레 묻는다. 그러면 상대방에 대한 관심을 표현할 수 있고, 서로에 대한 이야기를
더욱 폭넓게 풀어갈 수도 있다.

다시 뵐 수 있을까요?

제가 뭔가 도와드릴 일이 있을까요?

☑ 이렇게 질문해도 OK

함께할 수 있는 게 있지 않을까요?

'도움을 주고 싶다'고 적극적으로 어필한다.

계속 관계하면서 친분을 쌓고 싶은 상대에게는 단순히 '또 만나고 싶다'는 말 대신 '뭔가 도움을 주고 싶다'고 어필한다. 적극적으로 제안할수록 내가 바라는 것이 무엇인지 상대방도 명확히 이해할 것이다.

좀 도와주시겠어요?

힘을 보태주셨으면 해요. 시간을 내주실 수 있나요?

죄송하지만, 1시간 정도 시간 괜찮으세요?

도움은 '정중하게' 요청한다.

부탁한다는 것은 상대방의 귀한 시간을 요구하는 것이다. 그러니 요청할 때는 상대방의 체면을 세우는 정중한 표현을 사용한다. 도움을 받게 되면 그 자리에서 구체적인 약속까지 잡는다. 상대방의 일정에 맞추려는 태도를 보이면 좋은 인상을 남길 수 있다.

조만간 식사라도
같이하시겠어요?

천천히 대화하고 싶은데,
조만간 식사 같이하시겠어요?

이야기도 나눌 겸 식사 같이하시겠어요?

식사 제안은 '궁금증'을 일으킨다.

회식·접대 등 식사 자리를 제안하면 부담을 느끼는 사람도 있다. 그럴 때는 '중요한 이야기를 하려 한다'는 뉘앙스로 참석 여부를 확인한다. 그러면 '무슨 이야기를 하려는 걸까?', '특별히 나에게만 할 이야기가 있을까?' 하는 궁금증을 가지고 제안을 받아들이게 된다.

질문력을 기르기 위한
실전연습

'아, 그렇구나!' 게임

상대의 이야기에 적극적으로 리액션을 하면서 끝까지 듣는 게임
이다. 게임이 끝나면 "끝까지 얘기를 들어준 건 처음이에요", "얘
기를 충분히 할 수 있어서 좋았어요"처럼 만족감을 표할 것이다.

① 2명씩 조를 이뤄 대화 주제를 고른다.
② 말하는 사람과 듣는 사람을 결정하고 1분 동안 듣는 사람은
   자기 이야기를 하지 않고 적극적으로 리액션만 한다.
③ 1분 후 역할을 교대해보고 각자 어떤 느낌이 들었는지 이야
   기를 나눈다.

누구나 자신의 말을 상대방이 잘 들어주면 기쁨을 느끼고, 좋
은 인상을 갖게 되기 마련이다(⇨34~36쪽).

잡담하다가도 물건을 팔 수 있는 질문법

처음 만난 사이인데도 물건을 팔거나 계약을 따내는 사람들이 있다. 이런 사람들은 공통적으로 질문을 효과적으로 활용할 줄 안다. 상대방이 제안을 받아들일 때는 '그것이 필요하다'고 느꼈기 때문이다. 질문을 효과적으로 활용하면 상대방의 필요가 무엇인지 구체적으로 알 수 있다. 사례를 통해 어떤 흐름으로 질문을 던지는 것이 좋을지 살펴본다.

① 간단한 자기소개 후 고향이나 가족관계 등을 물으면서(⇨48, 80쪽) 기본적인 배경을 파악한다. 이때 발견한 고향이나 형제관계 같은 공통점을 중심으로 대화하면 심리적 거리를 좁힐 수 있다. 이와 함께 경청하는 태도를 보이면 신뢰감도 줄 수 있다.

② 어떤 계기로 현재의 직업을 선택했는지 묻는다(⇨83쪽). 상담 중에는 직업과 관련한 이야기를 해도 별다른 위화감은 없다. 성공담, 실패담, 도전 등 다양한 에피소드를 끌어낼 수 있다면 가장 이상적이다.

③ 대화에 언급된 성공에 대한 이야기를 더 깊이 있게 나눈다. 성공 요인과 계기가 무엇인지 묻고 답하다 보면(⇨82쪽) 문제해결 능력이나 개인적인 성향, 신념도 알 수 있다.

④ 앞으로 어떤 일을 하고 싶은지, 그리고 자신이 그리는 이상

적인 모습은 무엇인지에 대해 이야기를 나눈다.

⑤ 미래상에 대한 이야기를 들은 후 이를 실현하기 위해 해결할 과제가 있는지, 있다면 무엇인지 묻는다. 사소한 잡담을 나누는 단계에서 좋은 인상을 줄수록 상대방이 마음을 열고 이야기할 가능성도 그만큼 커진다.

⑥ 이 단계부터는 상대방이 원하는 제품이나 서비스가 무엇인지 이야기를 나누게 된다. 절대 강요하는 뉘앙스를 풍겨서는 안 되고, 과제를 해결하는 데 도움을 주고 싶다는 자세로 다가가야 한다. "제가 도움을 드릴 수 있다면 좋겠어요"라는 태도로 상대방의 이야기를 먼저 잘 들어본다.

⑦ 이야기를 마무리할 시점이 되면 상대방에게 금액이나 납기일 등 궁금한 것이나 다시 확인하고 싶은 것은 없는지 묻는다. 미심쩍어한다면 이를 시원하게 해소할 수 있는 방법을 제안하고 실행한다.

⑧ 상대방의 과제를 해결하는 데 직접적인 도움을 줄 수 없는 경우에는 도움이 될 정보나 사람 또는 회사를 소개한다. 상대방은 이런 호의에 분명 고마움을 느낄 것이다. 사람은 누구나 도움을 받으면 보답하고 싶다고 느끼기 마련이기에 다른 사람들에게 당신을 소개하는 등의 선순환이 만들어질 수도 있다. 이렇게 '누군가를 신뢰하면 어떻게든 보답을 하려 한다'는 것을 '반보성의 법칙'이라고 한다.

윗사람의 신뢰를 얻는 질문법

잘 알지 못하는 윗사람과 업무상 어쩔 수 없이 이야기를 나눠야하는 경우가 생긴다. 이럴 때는 분위기가 가라앉는 것을 막기 위해 이야기를 무리하게 꺼낼 필요는 없다. 단지 상대방이 하고 싶어 하는 이야기를 기분 좋게 하도록 유도하면 된다. 이를 위한 몇가지 실전 팁을 소개한다.

'계기'에 대해서만 물어도 30분 이상 대화할 수 있다. 현재 직종과 직장을 선택한 이유가 무엇인지 묻는다. 과거로 거슬러 올라가면서 다양한 에피소드가 쏟아질 것이다. 다만, 상대방을 오랫동안 알고 지냈다면 '또 그 얘기야?'라면서 지긋지긋하게 느껴질 수도 있다. 그렇지만 누군가가 자신에게 흥미를 가지고 물어오면 기쁜 것은 당연하다. 이야기를 다 듣고 난 후 "말씀을 듣는 것만으로도 공부가 되네요"라고 감사함을 표현한다.

이제는 시간의 축을 현재 그리고 미래의 순서로 옮긴다. 예전과 비교해 달라진 게 무엇인지, 미래를 어떻게 전망하는지 등을 묻고 마지막으로 원하는 것을 이루기 위해 해결할 과제가 무엇인지 묻는다. 상대방의 비전과 사고방식을 알면 어떤 사람인지 엿볼 수 있고, 무언가를 배울 수도 있다. 더불어 좋은 인상을 남기는 것은 경청으로 인해 얻을 수 있는 덤이다.

CHAPTER

2

대화에
활력을 불어넣는
질문법

질문 하나면
대화가 술술 풀린다!

상대방의 이야기에서 키워드를 찾으면 조금 더 깊이 있는 질문을 던질 수 있다. 적절한 질문을 할 수 있다면 뛰어난 말재간을 가지고 있지 않아도 상대방에게서 많은 이야기를 이끌어낼 수 있다.

1. 공통점을 찾기 위한 질문

'유사성의 법칙'이 있다. 좋아하는 것이나 태어난 곳 등이 서로 같을 경우 그만큼 심리적 거리를 좁힐 수 있다는 이야기다. 여기서 중요한 점은 질문할 때 다소 추상적인 것부터 시작해서 점차 범위를 좁혀 들어가는 데 있다. 처음부터 너무 범위를 좁히면 상대방이 흥미를 보이지 않을 가능성도 있다. 공통점은 새로운 관계를 형성하는 데 도움이 된다.

관련 테마

공통점 찾기(⇨79쪽~)   주변 사람 끌어들이기(⇨95쪽~)

2. 주제를 명확히 설정하기 위한 질문

톱니바퀴가 어긋난 듯 대화가 잘 풀리지 않는 까닭은 같은 대상을 보면서도 대화를 이어갈 공통의 포인트를 찾지 못했기 때문이다. 화제를 분명히 설정하기 위해 기본적인 사항을 먼저 확인하거나 대화의 내용을 좁힌다. 특정한 주제에 포커스를 맞추거나 추가 질문을 하는 것도 좋은 방법이다.

관련 테마

확인하기(⇨85쪽~)   포커스 맞추기(⇨90쪽~)

3. 부담을 주지 않기 위한 질문

술술 막히지 않고 답할 수 있게 하려면 '과거에 있었던 일'이나 '어떤 일을 하게 된 동기' 등 '사실 자체'에 대해 질문해야 한다. 부담 없이 말하다 보면 속마음이나 남에게 잘 이야기하지 않던 에피소드까지 말하게 되기도 한다. 동시에 경계심을 풀고 가식적인 행동도 덜어낼 수 있다.

관련 테마

계기 물어보기(⇨82쪽~)   대화의 실마리 찾기(⇨92쪽~)

야구
좋아하세요?

혹시 몸을 쓰는 걸
좋아하세요?

☑ 이렇게 질문해도 OK

여행 다니는 것 좋아하세요?

'추상적인 질문'으로 시작한다.

공통점을 찾으려면 추상적인 질문을 던진 뒤 화제를 좁히는 것이 좋다. 갑자기 이야기를 꺼내지 말고 '몸 쓰는 것을 좋아함 → 스포츠 → 야구' 순서로 이야기를 들으며 깊이 들어가는 것이다. 음식이나 책, 영화 등을 주제로 할 때도 이런 패턴을 활용할 수 있다.

부모님께서는
어디에 살고 계세요?

형제 관계는
어떻게 되세요?

☑ 추가질문

장남이라서 힘든 부분이 많으시죠?

가족 이야기는 '형제 관계'부터 시작한다.

가족 이야기는 형제자매에 대한 질문부터 하는 것이 무난하다. 부모님께서 모두 건강히 살아 계시리라고 장담할 수 없기 때문이다. 형제자매가 없더라도 장남 또는 장녀, 외동 같은 공통점이 있으면 같은 처지에서 느끼는 이야기를 재밌게 풀어 갈 수 있다.

종종 요리도 하세요?

요리하는 거 좋아하세요?

좋은 레시피 하나 공유해주시는 것은 어때요?

'할 수 있나?'가 아닌 '좋아하는가?'로 질문한다.

요리는 대화를 풀어가는 좋은 소재지만, 실력을 묻는 것은 좋은 방법이 아니다. 요리를 아예 못하는 사람에게는 실례일 수 있다. 가령 요리하는 걸 싫어한다고 답하더라도 "하긴, 요리가 좀 귀찮은 일이긴 하죠"라는 식으로 호응하면 된다.

잘하고 계신 것 같아 참 부러워요.

잘하시게 된 특별한 비결이 있었나요?

그런 일이 있고 나서 무엇이 가장 많이 달라졌나요?

성공 뒤의 '배경'을 묻는다.

무언가를 성공했거나 이루어낸 사람에게 그 '배경'이 무엇인지 물으면 특별히 감사하고 싶은 사람이나 성공 과정에서 겪었던 특별한 에피소드를 열심히 이야기할 것이다. 그러면서 자신조차 잊고 있었던 핵심적인 성공 포인트를 깨닫게 되기도 한다.

이 일은
언제부터 하셨어요?

어떤 계기로 이 일을
시작하셨나요?

☑ 추가질문

그 계기에 대해 자세히 들려주시겠어요?

'계기'를 시작으로 풀어간다.

특별하지 않아 보여도 30분 이상 이야기를 끌어내는 '쓸모 있는' 질문이다. 어떤 일을 시작하게 된 계기는 마중물이 되어 '그 일을 어떻게 생각하는지', '어려웠던 점은 무엇인지', '어떤 성공을 체험했는지' 등 여러 이야기를 풀어내도록 이끈다.

○○ 씨와는 어떤 관계인가요?

○○ 씨와는 어떻게 알게 되셨어요?

○○ 씨와 만나게 된 특별한 사건이 있나요?

'관계의 시작'에서 출발한다.

누군가를 지인에게 소개할 때처럼 두 사람의 관계에 대한 확인이 필요한 경우가 있다. 이때 무턱대고 '어떤 관계인지'를 물으면 막막하게 느낄 수 있다. 이보다는 '어떻게 서로 알게 됐는지'처럼 특별한 사건이나 계기를 물으면 쉽게 이야기를 풀어갈 수 있다.

아, 그런가요?

조금 전 말씀은
'○○○'라는 뜻인가요?

☑ 이렇게 질문해도 OK

달리 표현하면 '○○○'라고도 할 수 있겠죠?

질문을 던져 내용을 계속 '확인'한다.

요점이 명확하지 않은데도 무의미한 리액션만 하지 말고 질문을 던져서 정확히 확인한다. 그러면 잘못 이해할 가능성이 낮아지고 '대화를 잘 이해하고 있다', '더 많은 이야기를 듣고 싶다'는 메시지를 전할 수 있기에 더욱 즐겁게 대화를 이어갈 수 있다.

'○○○'에 대해
어떻게 생각하세요?

'○○○'에 대해서
여쭤봐도 될까요?

☑ 이렇게 질문해도 OK

질문 드려도 될까요?

'마음의 준비'를 할 수 있도록 한다.

이는 인사말 같은 질문이다. 갑자기 본론으로 들어가지 않고 "지금부터 여쭤봐도 될까요?"처럼 확인하는 말로 차근차근 본론으로 들어간다. 그래야 상대방도 마음의 준비를 할 수 있고 좀 더 차분하게 생각을 정리해 답할 수 있다.

이 서류 좀
확인해주시겠어요?

잠시 시간 괜찮으시면
서류 검토 부탁드려도 될까요?

오늘 중 아무 때나 10분 정도 시간 괜찮으세요?

'상대방의 상황'을 먼저 묻는다.

상대방의 상황이 어떤지 확인하지도 않고 일방적으로 요청하지는 않았을까? 부탁할 때는 먼저 상대방의 상황을 꼭 확인해야 한다. 당장 급하게 도움이 필요하다면 "바쁘신 중에 죄송합니다"라는 한마디로 양해를 구하면서 상황이 급함을 알리고 질문을 시작한다.

그게
무슨 뜻인가요?

핵심을 한마디로
정리해주시겠어요?

☑ 이렇게 질문해도 OK

특히 중요한 키워드는 무엇인가요?

'요점'이 무엇인지 묻는다.

상대방의 이야기가 무슨 뜻인지 정확히 이해할 수 없을 때에는 꼭 정확한 취지를 확인한다. 79쪽에서 소개한 '확인하는 질문'과 비슷해 보이지만, 이 질문의 목적은 '이야기의 요점'이 무엇인지 확인해 대화의 토대를 확실히 다지는 데 있다.

이 계약, 크게
나쁘지 않죠?

이 계약, 솔직히
어떻게 생각하세요?

☑ 이렇게 질문해도 OK

우리끼리만 얘기해서, 솔직히 어떤 의견인가요?

'에둘러' 질문하지 않는다.

상대방의 진심을 확인하고 싶을 때는 에둘러 질문하지 않도록 한다. '사실은', '솔직히' 같은 단도직입적인 표현을 덧붙이면 핵심을 피해 겉도는 일 없이 더욱 깊이 있는 대화를 나눌 수 있다.

그 이벤트, 정말 즐거웠나 봐요?

그 이벤트, 어떤 점이 만족스러웠어요?

그 이벤트, 어떤 점을 칭찬하고 싶어요?

'매력 포인트'에 초점을 맞춘다.

공감은 중요하다. 그러나 특별히 즐거웠거나 좋았던 부분에 포커스를 맞춘다면 상대방은 더 즐거운 마음으로 자세하게 이야기할 것이다. 이 과정에서 가치관을 살짝 엿볼 수 있고 어떻게 하면 그 사람과 더 즐겁게 대화를 이어갈 수 있을지 힌트를 얻을 수 있다.

그런 사례가 있었네요?

그밖에 또 어떤 사례가 있을까요?

이것은 '○○○'에도 응용할 수 있나요?

다른 '구체적인 예'가 더 있는지 확인한다.

적극적인 리액션도 즐거운 대화를 위한 중요한 기술이다. 그러나 이것으로 끝내지 않고 질문을 던지면 좀 더 많은 사례를 이끌어낼 수 있다. 또한 그 사례를 통해 얻은 시사점을 어떻게 응용할지 추가로 물으면 대화는 한층 더 깊어질 것이다.

올해의 목표는
무엇인가요?

올해의 목표를 사자성어로
표현한다면 무엇인가요?

그렇군요! 그것을 꼽은 이유는 무엇인가요?

'사자성어'는 많은 이야기를 담을 수 있다.

연말이면 '올해의 사자성어'가 발표된다. 이런 것처럼 상대방의 생각을 사자성어로
표현해달라고 요청한다. 선택한 사자성어의 본래 뜻은 무엇인지, 왜 그 사자성어를
선택했는지 묻다 보면 자연스럽게 대화의 폭을 넓혀나갈 수 있다.

요즘 '○○○'가
인기잖아요?

'○○○'라는 게 있다는데,
혹시 알고 계세요?

☑ 추가질문

아, 알고 계시네요. 어떤 부분이 좋으셨어요?

상대방은 '잘 모른다'고 전제한다.

최신 유행이나 최근에 새로 등장한 것에 대해 상대방도 알고 있으리라고는 장담할 수 없다. 몰랐다고 해서 부끄러워하지 않도록 "혹시 알고 계세요?"라는 말로 확인부터 한다. 혹시라도 상대방이 흥미를 느끼지 못하는 것 같다면 다른 주제로 넘어간다.

골프
치세요?

요즘은 어떤 것에
관심을 찾고 계세요?

새로 재미 붙이신 것이 있나요?

'관심사'로 대화의 실마리를 찾는다.

생각한 대로 대화가 잘 풀리지 않을 때 상대방은 어떤 것에 관심을 갖고 있는지
확인한다. 그러면 좋아하는 것이 무엇인지, 요즘 마음을 사로잡은 것이 무엇인지
즐겁게 이야기해줄 것이다. 단, 대상을 너무 좁히면 상대방의 관심사와 너무 멀어
질 수도 있으니 주의한다.

이 얘기,
정말 재밌는데요?

이 얘기, 정말 재밌는데요?
○○ 씨는 어떻게 생각해요?

○○ 씨가 그 입장이라면 어떻게 하시겠어요?

주변 사람들에게도 '대화의 바통'을 넘긴다.

어느 한 사람만 말을 한다거나, 대화에 잘 참여하지 못하는 사람이 있다면 질문을 던져서 대화의 바통을 넘긴다. 발언하는 사람의 수가 늘어야 더 많은 이야기를 주고받을 수 있고, 더욱 활기찬 대화를 나눌 수 있다.

○○ 씨, 최근에
좋은 일 있었어요?

모두들 최근에 가장
기뻤던 일은 뭐였나요?

최근에 가장 감동받은 일이 있었나요?

모두를 향한 '게임 스타일' 질문을 던진다.

분위기를 좋게 만들기 때문에 직원 연수 등에서도 활용하는 질문이다. 같은 장소에 있는 모두를 향해 긍정적인 주제로 묻는 것이 포인트다. 자유롭게 답하고 주변에서는 "아, 그렇구나", "잘됐네요"라고 리액션을 하면 분위기는 금세 뜨거워질 것이다.

질문력을 기르기 위한
실전연습

'그뤠잇 + 박수' 게임

상대방이 대답한 내용을 있는 그대로 받아들이는 태도와 마음가 짐을 익히는 데 도움이 된다. 이를 통해 긍정적으로 반응했을 때 느낄 수 있는 기쁨이 무엇인지 실감할 수 있다.

회의 시작 전 워밍업에 필요할 때, 레크리에이션 현장의 분위 기를 띄울 때, 처음 만난 파티에서 어색함을 없앨 때 활용하면 현 장의 분위기를 밝게 만드는 효과를 볼 수 있다.

① 게임을 시작하면 테마 질문을 발표한다. 긍정적인 내용이면 어 떤 것이든 좋다. 질문별로 답을 3개씩 준비하도록 안내한다.

예시 최근 경험한 좋은 일은 무엇인가요? 3가지를 생각하세요.

중요하게 여기는 것이 뭔가요? 3가지를 골라보세요.

지난해 감동받았던 일이 있었나요? 3가지를 떠올려보세요.

② 필기도구를 사용할 수 있다면 각자 생각하는 답을 종이에 적어 돌아가면서 읽게 한다. 이렇게 하면 시간을 더욱 효율적으로 활용할 수 있다.

③ 돌아가면서 질문에 대한 답을 말한다. 장황하면 안 된다. 대답이 끝나면 일제히 "그뤠잇!" 하고 호응하면서 박수를 친다.

④ 각자 질문에 답하고 나면 다음 사람이 이어서 답한다. 그렇게 모든 참가자가 1번씩 대답한 후에는 2번째 질문으로 넘어간다. 준비한 3가지 질문에 모두가 답할 때까지 게임을 계속한다.

'무엇이 무엇이 똑같을까?' 게임

대화 중 공통점을 발견하면 친밀도는 급속히 높아진다. 자신과 공통점이 있는 사람과는 심리적 거리를 좁힐 수 있기 때문에 그만큼 친밀하다고 느끼는 것이다. 이를 염두에 두면 게임을 통해 질문하는 힘을 더욱 키울 수 있다. 직장 동료나 동호회 회원처럼 서로 오랫동안 알았어도 서로의 공통점을 모르는 경우가 많다. 게임을 끝내면 상대방과 훨씬 가까워짐을 느낄 것이다.

① 종이와 필기도구를 준비하고, 2명이 1조를 이룬다.
② 질문하는 사람과 답하는 사람을 정해 2분간 질문을 던지면서 공통점을 찾으면 답하는 사람이 종이에 적는다. 겉으로 보이는 특징이 아닌, '질문을 던지고 답하면서 새롭게 알게 된 공통점'만 적는다.
'매주 치킨을 먹음', '사우나를 즐김', '아침을 거르지 못함' 같은 것도 사소한 것도 공통점이 될 수 있다. 게임을 반복하다 보면 공통점을 찾아야 한다는 부담도 덜어낼 수 있다.
③ 게임이 끝난 후에는 종이에 적은 내용을 발표한다. 공통점이 가장 많은 팀이 우승하게 된다. 우승팀에게 시상을 하고 짝을 바꿔 게임을 계속한다.

CHAPTER

3

사람을
성장시키는
질문법

질문 하나가
도약의 발판이 된다!

좋은 질문은 스스로 '생각'해 '행동'하고 '반성'을 바탕으로 '개선'하도록 유도해 사람을 성장시킨다. 그렇게 되면 눈앞의 일을 '나의 일'로 여기게 된다. 또한 좋은 질문을 던질수록 '생각'에서 '개선'에 이르는 일련의 흐름이 습관이 되어 성장의 토대가 될 수 있다.

1. 스스로 생각하는 힘을 기르는 질문

정답을 알려줄 때까지 기다리지 않고 스스로 해결하는 힘을 기르게 하려면 좋은 질문을 던져야 한다. 예컨대 "왜 할 수 없다는 거죠?"가 아닌, "어떻게 해야 잘 할 수 있을까요?"라고 물어보는 것이다. 그리고 근본적인 원인은 무엇인지, 문제를 해결하기 위해 무엇을 할 수 있는지 묻는 것도 바람직하다.

관련 테마

문제해결 능력 길러주기(⇨105쪽~)　　목적과 성과 확인하기(⇨128쪽~)
동기부여하기(⇨130쪽~)　　성과창출하기(⇨133쪽~)

2. 사고의 폭을 넓히도록 돕는 질문

다른 사람의 입장에 서보거나, 주변 사람과의 관계를 고려해 나의 입장을 돌아보면 '아, 그랬구나!' 하고 깨닫게 되는 경우가 있다. 또한 다른 사람의 사고방식에 대해서 짚어보는 것도 사고의 틀을 확장하는 데 도움이 된다. 한쪽으로 치우쳐 생각하지 않도록 객관적인 관점에서 생각해보게 하는 질문이 효과적이다.

관련 테마

피드백하기(⇨121쪽~)　　매너 개선하기(⇨125쪽~)
팀 역량 강화하기(⇨136쪽~)　　회의 퀄리티 높이기(⇨143쪽~)
속마음 끌어내기(⇨145쪽)

3. 안도감과 자신감을 키우는 질문

나를 믿고 지켜보는 누군가가 있다는 안도감은 성장의 밑거름이 된다. 상대방이 어떻게 답하더라도 부정하지 말고 '모두 정답이 될 수 있다'는 자세로 대하자. 그래야 자신감을 가질 수 있고 의욕과 책임감이 생겨 동기부여가 된다.

관련 테마

강점 키우기(⇨108쪽~)　　자신감 불어넣기(⇨113쪽~)
변명 아닌 설명 듣기(⇨118쪽~)　　케어하기(⇨123쪽~)

왜 할 수 없다는 거죠?

어떻게 하면 잘 될 것 같아요?

좋아요, 그럼 어디서부터 시작할까요?

스스로 '해결책'을 찾도록 유도한다.

'잘 진행되지 않는다 = 할 수 없다'는 식으로 접근하면 상대방은 변명밖에 할 말이 없다. 문제를 해결하려면 "어떻게 해야"처럼 '할 수 있다'는 것을 전제로 질문해야 한다. 이렇게 하면 목표 달성을 위해 반드시 해야 할 일이 무엇인지 파악할 수 있다.

잘 진행되지 않은 이유가 뭐라고 생각해요?

잘 진행되지 않은 근본 원인이 뭘까요?

어떻게 해야 문제를 해결할 수 있을까요?

'현상'에 초점을 맞추지 않는다.

문제에 매몰되어 있으면 시야는 좁아지기 마련이다. 이럴 때일수록 문제의 근원이 무엇인지 깨달을 수 있도록 유도하는 질문을 던진다. 그래야 상대방도 현상만 바라보지 않고 한발 물러서서 '근본적인 원인이 무엇인지' 깊이 고민할 수 있다.

도대체 왜
이런 실수를 했죠?

문제해결을 위해
우선 뭘 해야 할까요?

☑ 플러스알파 질문

누구의 도움이 필요할 것 같아요?

'구체적인 액션'을 떠올리게 한다.

실수를 만회하고 장애를 복구하려면 적절하고 신속한 대응이 중요하다. 실수를 질책하기에 앞서서 한정된 자원으로 '당장 어떻게 해결할지'를 생각하도록 유도한다. 실수한 사람이 해결책을 내놓았다면 적절한 방법인지 확인하면서 잘 해결하도록 응원한다.

고생하는 것 같던데, 괜찮아요?

어떤 목표를 바라보고 있어요?

그밖에 또 어떤 것을 해보고 싶어요?

'어떤 사람이 되고 싶은지' 깨닫게 한다.

슬럼프를 겪고 있는 사람에게는 이상적으로 생각하는 모습이 어떤 것인지 묻는다. 사람은 자신의 이상적인 모습을 의식할수록 그 목표에 가까이 다가가기 위해 최선을 다하기 마련이다. 곧바로 답을 못했더라도 나름대로 지향해야 할 모습을 그려가는 계기로 삼을 수 있다.

더 노력해야
하지 않겠어요?

자신의 강점이
무엇인 것 같아요?

그런 강점을 어떻게 살리면 좋겠어요?

능력이 모자란다고 '지적'하지 않는다.
스스로 '강점'이라고 생각하는 것이 무엇인지 질문한다. 부끄러워서 구체적으로 말하지 못하더라도 그간의 숨은 노력 등 칭찬받고 싶었던 부분을 은근히 표출하기도 한다. 이때 무조건 칭찬하면 상대방은 자신감을 충전할 수 있다.

그동안 잘해왔는데 이번엔 왜 그래요?

어떻게 하면 전처럼 잘할 수 있겠어요?

강점을 이렇게 살리면 좋겠다고 생각한 적 있어요?

'강점'을 알고 있다면 구체적으로 질문한다.

109쪽의 질문은 자신의 강점이 무엇인지 모르는 사람을 위함이라면, 이 질문은 잘 알고 있는 사람을 위함이다. 강점을 알지만 생각만 많거나 무엇을 할지 몰라 멈춰있는 경우도 있다. 강점을 어떻게 살릴지 물으면 구체적인 액션을 생각할 수 있다.

일은
재밌어요?

이 일을 하면서
언제 성취감을 느껴요?

☑ 추가질문

구체적으로 얘기해줄 수 있어요?

언제 '성취감'이나 '만족감'을 느끼는지 질문한다.

다른 사람에게 인정받거나 목표를 달성했을 때 등 어떤 상황에서 성취감과 만족감을 느끼는지 알면 그 사람의 의욕은 어디에서 비롯하는지도 파악할 수 있다. 또한 일에 대한 가치관을 파악하면 칭찬이나 조언도 그에 맞춰 할 수 있으니 더욱 효과적이다.

아직도 고민해요?
바람 좀 쐬는 게 어때요?

어떤 걸 할 때
기분이 좋아져요?

☑️ 이렇게 질문해도 OK

쉴 때는 보통 어떻게 시간을 보내요?

'기분전환 방법'을 구체적으로 떠올리게 한다.

고민하다가도 금세 기분을 전환할 수 있는 능력은 엄청난 강점이다. 기분전환을 유도할 때는 감 놔라 배 놔라 옆에서 간섭하지 않는다. 대신, 상대방이 평소 사용하는 나름의 기분전환 방법을 구체적인 이미지로 떠올리도록 유도하는 질문을 던지는 것이 효과적이다.

이번 프로젝트, 잘 끝나서 다행이죠?

이번 프로젝트가 성공한 이유가 무엇인 것 같아요?

☑ 추가질문

다른 일을 할 때도 적용할 수 있을 것 같나요?

'성공사례'에 초점을 맞춘다.

'무엇 때문에 잘 끝낼 수 있었는지' 물으면 자연스레 그 이유를 생각하게 된다. 칭찬도 중요하지만, 단지 '운이 좋아서'라고 여기지 않도록 경험을 통해 얻은 노하우는 무엇인지 짚고 넘어가도록 질문을 던진다. 그러면 다른 일에도 응용할 수 있는 힌트를 얻을 수도 있다.

요즘 예전만 못한 것 같은데요?

일이 재미있다고 느낄 때는 언제예요?

☑ 이렇게 질문해도 OK

언제 보람을 느껴요?

'즐겁게 일했던 기억'을 떠올리게 한다.

멀쩡히 잘 있는 사람에게 부정적인 뉘앙스로 물으면 역효과가 난다. 기분이 좋았고, 보람도 느꼈던 때를 떠올리도록 질문을 던진다. 질문에 답하다 보면 잃어버렸던 자신감과 의욕을 회복할 수 있다. 113쪽의 질문과 마찬가지로 성공 체험에 초점을 맞춘 스킬이다.

지금 속도로 하면 일정을 맞출 수 있죠?

지금 몇 퍼센트 정도 끝냈어요?

어떤 걸 도와줄까요?

진행상황을 '수치화'한다.

자신감을 갖게 하려면 스스로 끝내도록 하는 것이 중요하다. 다만, 문제를 방지하려면 진행상황을 수치화해 '눈으로 볼 수 있게' 한다. 이렇게 하면 진행뿐만 아니라 앞으로 무엇을 해야 할지도 파악할 수 있고, 이후의 진행을 모니터링 하는 데에도 도움이 된다.

도대체 왜 같은 실수를 반복하는 거죠?

실수를 반복하지 않으려면 어떻게 하면 좋겠어요?

이번 경험을 통해서 어떤 걸 깨달았나요?

'재발방지'에 대한 고민을 유도한다.

실수가 반복되는 데는 다 이유가 있다. 실수를 나무라기보다 반복하지 않도록 '애초에 어떻게 했어야 하는지'를 생각하게끔 유도한다. 왜 실수했는지 반성하고 그 과정에서 깨달음을 얻는다면 자신감을 쌓을 수 있을 뿐 아니라 성장하는 데에도 큰 보탬이 된다.

아직도 일을 헤매요?

잘할 수 있을 것 같은데, 뭘 보완해야겠다고 생각해요?

능력을 끌어올리려면 어떤 게 필요해요?

'점수를 깎는 멘토링'은 지양한다.

가진 역량을 충분히 발휘하려면 무엇이 부족하고 어떻게 하면 좋을지 스스로 생각하도록 한다. 그러면 스킬 업그레이드를 위해 필요한 힌트를 발견할 수 있다. "지금보다 충분히 더 잘할 수 있어요!" 하고 힘을 불어넣는다면 분명히 자신감을 가지고 더 분발할 것이다.

왜
망설여요?

결정하지 못하는
이유가 있어요?

실행하는 데 방해되는 게 있어요?

'방해요인'을 제거한다.

곧바로 실행하지 않는다고 나무라면 돌아오는 것은 변명밖에 없다. 주저하는 이유가 무엇인지, 혹시 걸림돌이 있는 것은 아닌지 묻는다. '실패에 대한 두려움' 등 선뜻 결정하지 못했던 이유에 대해 스스로 곰곰이 생각하도록 하면 방해요인을 찾아낼 수 있다.

왜 이렇게까지
되어버린 거죠?

이 상황이 되기까지의
경위를 설명해주겠어요?

그럼, 이제부터 무엇을 어떻게 하면 좋겠어요?

오직 '팩트'에만 초점을 맞춘다.

추궁받는다고 느끼면 변명을 하게 된다. 동요하는 마음을 가라앉히고 문제가 벌어지기까지의 경위에 대해서만 묻는다. 당시 상황으로 돌아가서 팩트를 되짚어볼 수 있는 분위기를 만듦으로써, 당사자 스스로 침착하게 해결책을 모색하도록 이끄는 것이 중요하다.

왜 불평만
늘어놓는 거죠?

그렇게 볼 수도 있겠네요.
그럼, '○○○'는 어때요?

☑ 이렇게 질문해도 OK

그것도 일리 있네요. 그럼 어떤 걸 먼저 해결하면 좋겠어요?

불평하는 사람의 이야기를 '충분히 듣는다'.

불평하는 사람에게도 분명 하고 싶은 말이 있다. 불평을 불평으로 맞받아치기보다 일단 상대방의 생각은 어떤지 충분히 듣는다. 그러면 상대방은 하고 싶던 이야기를 '충분히 했다'고 느끼게 되어 다른 사람의 이야기에도 귀 기울일 수 있는 마음의 여유를 가질 수 있다.

왜 이 건이
경비로 처리할 사항이죠?

이걸 경비 처리하는 게
업무상 옳은 것일까요?

☑ 이렇게 질문해도 OK

회사가 왜 경비를 쓰게 해준다고 생각해요?

'본래 취지와 의미'를 깨닫게 한다.

경비에 대한 개념이 흐릿한 사람에게는 단순히 주의를 주기보다 어떤 효과를 기대하며 그 비용을 사용하는지, 업무에 어떤 도움을 주는지 생각하도록 한다. 그래야 청구 가능한 비용의 기준을 세울 수 있고, 어떻게 해야 효과적으로 사용할 수 있을지도 고민할 수 있다.

기획서 언제쯤
마무리돼요?

기획서는 어느 정도
완성됐어요?

☑ 추가질문

이후에는 어떤 프로세스로 진행할 예정이에요?

스스로 '현황'을 파악하게 한다.

완료 시점에 대해서만 물으면 단지 목표 자체만 의식하게 된다. 하지만 진행상황을 물으면 스스로 정리해볼 수 있고 앞으로 어떤 과정을 거쳐야 목표를 달성할 수 있을지 그려볼 수도 있다. 우선 편안하게 대화할 수 있는 분위기를 조성한 다음 이야기를 나눈다.

지금 설명한 내용, 이해했죠?

지금까지 설명 중에서 궁금한 부분 있어요?

☑ 이렇게 질문해도 OK

지금까지 설명을 듣고 어떤 걸 알게 됐어요?

'응원하는 자세'로 대한다.

이해하지 못했다고 사실대로 말하기는 어려운 법이다. 어느 정도 이해했는지 확인할 때는 "혹시, 궁금한 부분이 있어요?"라고 묻는 것도 좋은 방법이다. 지지받고 있다고 느껴야 궁금하거나 애매한 점은 무엇인지 부담 없이 물어볼 수 있다.

어려운 점이 있으면 알려줄래요?

어려운 점은 없어요? 필요하면 언제든 말해요.

☑️ 이렇게 질문해도 OK

진행하면서 걱정되는 부분은 없어요?

'케어받는다'는 느낌이 필요하다.
불안감이나 고민을 이야기해달라고 자연스레 부탁하면 상대방은 자신을 도와주려는 사람이 있다는 사실에 든든함을 느낄 것이다. 상대방이 상담을 요청하면 살갑게 대해서 무슨 이야기든 쉽게 꺼낼 수 있는 관계를 만들 수 있다.

조금 전 태도는
실례인 것 같지 않아요?

조금 전 태도는
어떻게 보였을 것 같아요?

그분은 어떤 표정이었어요?

'입장을 바꿔서' 생각하도록 한다.

태도가 좋지 않은 사람에게는 역지사지의 질문을 던지는 것이 효과적이다. 무엇이 예의인지 몰라서 그렇게 행동했을 수도 있고 무의식중에 행동했을 수도 있다. '만약 내가 그 일을 겪었다면 정말 불쾌했을 것'이라고 깨닫는다면 잘못된 행동을 스스로 고쳐나갈 것이다.

그런 복장이 어울린다고 생각해요?

주변 사람들은 어떤 복장이 부담스럽지 않을까요?

☑ 이렇게 질문해도 OK

동료들은 어떻게 입기를 바랄까요?

'주변에 줄 영향'을 생각하게 한다.

사무실 분위기나 직업에 어울리지 않는 옷을 입은 사람에게 가볍게 주의를 주기란 쉽지 않다. '나는 괜찮은데'라는 자기중심적 사고에서 벗어나 타인 중심으로 생각해보게 하는 질문을 던져서 주위 사람들과 조화를 이루게 할 수 있다.

중요한 회의였는데, 왜 지각했죠?

이번 회의가 어떤 의미를 갖고 있다고 생각해요?

회의에서 함께 공유하는 이유가 뭘까요?

'근본적인 의미'를 깨닫게 한다.

지각했다고 나무라기보다 회의에 늦게 참석하면 안 되는 근본적인 이유를 이해할 수 있게 하는 것이 중요하다. 회의의 의미를 이해하고, 자신이 지각하거나 불참하면 주변 사람들에게 어떤 영향을 주게 될지 스스로 깨닫게 한다.

이번 이벤트는 반드시 성공해야 한다는 것, 알죠?

이번 이벤트를 준비한 목적이 무엇인지 기억하죠?

☑ 플러스알파 질문

이번 이벤트가 끝났을 때 어떤 성과를 기대해요?

일의 '목적'과 '목표'를 공유한다.

많은 사람들이 관계된 행사일수록 그 목적을 모두가 정확히 인식하고 있어야 성공적으로 마무리할 수 있다. '무엇 때문에 하기로 한 것인지', '어떤 결과를 얻고자 하는지' 같은 질문을 통해 모두가 목표를 의식하게 해야 좋은 성과를 거둘 수 있다.

오늘 반성할 점은
뭐라고 생각해요?

오늘 칭찬받을 점은
뭐라고 생각해요?

앞으로도 계속 잘할 수 있는 방법이 뭘까요?

'좋았던 것'과 '성취한 것'에 초점을 맞춘다.

성과를 확인할 때 반성할 점부터 묻기보다 잘한 점에 초점을 맞춰 서로 공로를 격려하는 습관을 기른다. 성과를 거뒀다는 만족감을 느끼고 나서는 "앞으로 더 훌륭한 성과를 내려면 어떻게 하면 좋을까?" 같은 추가 질문을 던져서 개선할 점도 적극적으로 생각한다.

앞으로는 더
잘할 수 있죠?

1년 후에는
어떤 모습을 기대해요?

☑️ 이렇게 질문해도 OK

1년 후에는 어떤 것을 할 수 있기를 바라요?

미래를 '구체적으로' 그리게 한다.

사람은 '왜 해야 하는지'를 납득하지 못하면 좀처럼 행동하지 못한다. 움직이게 하려면 '미래에 어떤 사람이 되고 싶은지'를 분명히 그릴 수 있는 질문을 던지는 것이 필요하다. 1년 후, 2년 후 등 시간을 따라가며 점차 어떤 모습으로 변하고 싶은지 확인한다.

130

지금 책임을
다하고 있다고 생각해요?

지금 자신의 역할이
뭐라고 생각해요?

사람들은 ○○ 씨가 어떤 역할을 해주길 기대할까요?

'자신의 역할'을 명확하게 깨닫도록 한다.

자신의 역할을 이해해야 해야 할 일을 명확하게 파악할 수 있고 책임감도 느낀다. '사람들이 나에게 기대하는 것은 무엇인지', '나에게 주어진 역할이 무엇인지' 스스로 생각하도록 한다. 그러면 스스로 대답한 내용을 토대로 구체적으로 행동하게 될 것이다.

왜
실행하지 않죠?

목표를 달성하려면
지금은 뭘 해야 할까요?

☑️ 이렇게 질문해도 OK

구체적으로 이번 주에 할 수 있는 건 뭘까요?

목표를 향해 '가이드'한다.

목표가 너무 크면 당장 무슨 일부터 해야 할지 망설일 수밖에 없다. 따라서 해야 할 일을 세부적인 단계로 쪼개 무엇부터 하는 게 좋을지 스스로 생각할 수 있게 하자. 그리고 "지금 바로 할 수 있는 일부터 해 봅시다!"라고 독려해주자.

전략에 대한 고민이 부족한 것 같은데요?

우리 제품이 선택받는 이유가 뭘까요?

☑ 추가질문

고객들은 어떤 부분에 만족하는 것 같아요?

고객에게서 '선택받은 이유'를 되짚는다.

제품 판매뿐만 아니라 서비스를 제공하거나 계약할 때에도 '우리가 고객에게 선택받은 이유'가 무엇인지 되짚어본다. 그러면 그동안 간과했던 우리만의 가치와 매력을 깨달을 수 있다. 이를 토대로 고객에 대한 설득력을 높여가면 더 좋은 성과를 창출할 수 있다.

이 정도 매출을 달성했으면 하는데, 어때요?

내년에 승진하려면 어떤 목표를 잡는 게 좋겠어요?

목표달성을 위해 지금 해야 할 것이 뭘까요?

'스스로' 목표를 정하게 한다.

좋은 결과를 얻으려면 명확한 목표가 필요하다. 다만, 위에서 압박을 가하면 반발을 불러오거나 의욕을 꺾을 뿐이다. 목표를 스스로 구체적으로 생각해야 책임감도 갖게 된다. 팀으로 일하는 경우에는 팀원이 함께 목표를 설정하고 공유하면 연대의식을 키울 수 있다.

이렇게 해서 목표를
달성할 수 있겠어요?

언제까지, 어느 정도로 매출을
끌어올릴 계획이에요?

목표를 달성하면 어떤 기분일 것 같아요?

'한눈에 보이는 목표'가 필요하다.
목표를 설정할 때는 '언제까지', '얼마나' 달성하려는 것인지 수치화해 눈으로 볼 수 있게 표현하는 것이 중요하다. 도전하는 대상을 구체적으로 정의해야 그 일에 참여하는 사람들의 성취 의식과 의욕을 고취할 수 있기 때문이다.

팀워크를 제고하는
좋은 방법이 있을까요?

어떻게 하면 팀원 모두가
만족할 것 같아요?

☑ 이렇게 질문해도 OK

팀에 도움이 될 수 있는 일은 뭘까요?

'공헌'할 수 있는 일을 생각하게 한다.

"팀워크를 제고하는 좋은 방법이 있을까요?"라는 질문에는 적절한 답이 선뜻 떠오르지 않을 수 있다. 스스로 무엇을 할 수 있을지 생각하도록 유도하는 것이 더 효과적이다. 자문자답 과정에서 자신의 역할을 제고할 수 있고, 의지도 키울 수 있다.

우리 팀원들 모두
뛰어난 것 같지 않아요?

우리가 다른 팀보다
뛰어난 점은 뭘까요?

경쟁사보다 앞선 점이 뭐라고 생각해요?

'자신만의 강점'을 발견하게 이끈다.

개인이든 조직이든 남보다 상대적으로 우수한 부분이 무엇인지 파악하는 것이 중요하다. 스스로에게 물어보는 것도 좋지만, 상사나 동료 혹은 고객 등 객관적으로 볼 수 있는 다른 사람의 의견을 듣는 것도 필요하다.

이왕 할 거라면
최고가 되는 게 어때요?

최고의 조직은
어떤 면에서 다를까요?

최고의 팀 멤버들은 어떤 이야기를 나눌까요?

'최고'를 롤모델로 삼는다.
관련 분야 혹은 분야를 막론하고 최고의 자리에 오른 조직을 롤모델로 삼아 생각과 행동하는 수준을 한 차원 끌어올릴 목적으로 던지는 질문이다. 일을 잘하는 사람들은 어떤 마인드로 업무에 전념할지를 이미지로 떠올리면 역량을 한층 더 끌어올리는 데 도움이 된다.

누가 어떤 일을
담당하는 게 좋겠어요?

이 프로젝트에는 어떤 역할들이
필요할 것 같아요?

어떤 일부터 시작하는 게 좋겠어요?

'필요한 역할'부터 생각한다.

주어진 역할을 단순히 분담하기보다 '어떤 역할들이 필요할까?', '해당 업무에 적합한 사람은 누구일까?'부터 생각한다. 팀원들이 스스로 정리하면서 책임감을 가지고 일에 더욱 몰입할 수 있게 된다. 그뿐 아니라 팀워크도 함께 개선할 수 있다.

힘을 합치면 좋은 결과를 낼 수 있겠죠?

우리의 강점을 한마디로 하면 뭘까요?

☑ 이렇게 질문해도 OK

우리 팀의 슬로건으로는 어떤 게 좋겠어요?

가진 역량을 '한마디'로 표현한다.
팀 역량을 강화하려면 모두가 공통된 생각을 가지고 있어야 한다. 이를 위해 팀의 강점을 진부하지 않은 캐치프레이즈로 나타내면 좋다. 어떻게 표현하면 좋을지 모두 함께 생각하다 보면 소속감을 키울 수 있어 단결력을 높이는 데 도움이 된다.

'나만 잘났다'고 생각하는 것 같은데요?

어떤 측면에서 도움을 받고 있어요?

도움을 받았을 때 어떤 점이 좋았죠?

'혼자서는 할 수 없다'는 사실을 깨닫게 한다.

팀 역량이란 개개인이 가진 역량의 총합이다. 각자의 부족한 점을 서로 메워주면 강한 팀이 될 수 있다. 혼자서는 할 수 없었을 것이라고 깨닫는 순간, 도움을 준 멤버들에 대한 고마움과 존경심을 갖게 될 것이다.

몇 번 주의를 줬는데, 기억 못해요?

조심하라고 했었는데, 어떻게 개선했어요?

☑️ 추가질문

개선 후 결과는 어땠죠?

'구체적인 개선책'을 스스로 생각하게 한다.

실수를 반복한다고 다그치기만 하면 팀의 사기가 저하된다. 더 이상 같은 실수를 반복하지 않으려면 무엇 또는 어디를 어떻게 개선하는 것이 좋을지 묻는다. 그리고 과거형 표현을 사용해서 반드시 주의해야 할 점을 다시금 되짚도록 하는 것도 효과가 있다.

무엇을 위한 회의인지 알고 있죠?

회의에서 어떤 것이 결정되면 좋겠어요?

☑ 추가질문

각자의 'To Do List'에는 어떤 내용이 들어가 있죠?

회의의 명확한 '목적과' '방향'을 설정한다.

쓸데없이 공허한 말만 많고 아무것도 결정하지 못하는 회의는 지양해야 한다. 이를 위해서는 회의의 명확한 목적과 마치기 전까지 반드시 결정해야 할 것이 무엇인지 확실하게 공유하고 있어야 한다. 수준 높은 회의일수록 각자 무엇을 해야 하는지 분명하게 깨닫게 된다.

이번 회의는 새로운 아이디어가 나오겠죠?

어떻게 회의를 진행해야 새로운 아이디어가 나올까요?

회의실을 대신할 좋은 공간이 있을까요?

'새로운 스타일'로 회의를 진행한다.

매너리즘에 빠진 회의에서는 새로운 아이디어가 나오기 어렵다. 장소를 바꾸거나 멤버를 늘리는 등 해보지 않던 방식을 시도하다 보면 더 많은 생각을 끌어낼 수 있다. 여기서 소개한 질문으로 우리만의 '개성 있는 회의'를 진행해보고 싶다는 설렘을 느끼도록 할 수 있다.

이번 프로젝트에 대해
조언 좀 해주시겠어요?

이번 프로젝트에 대한
제 생각은 이런데,
○○ 씨 생각은 어떠세요?

저는 첫 번째 안이 좋은데, ○○씨는 어떠세요?

먼저 '내 의견'을 이야기한다.

조언을 구할 때는 내 생각을 먼저 이야기한 뒤에 이에 대한 상대방의 의견이나 조언을 구하는 것이 어른스러운 대응법이다. '○○ 씨라면 어떻게 하시겠어요?'처럼 상대를 존중하는 말투로 질문하면 상대방도 친절하게 대답할 것이다.

질문력을 기르기 위한 실전연습

'변명하기' 게임

실수를 저지른 사람에게 자신도 모르게 "왜 그랬어?"라고 말할 때가 있다. 이렇게 물으면 듣게 되는 대답은 변명뿐이다. '변명하기' 게임을 하다 보면 어떻게 질문을 던져야 변명이 아닌 해결의 실마리를 얻을 수 있는지 알 수 있다.

① 2명이 1조를 이뤄 질문자와 답변자를 정한다.
② 변명하기 좋은 상황을 설정한다.
  ("중요한 미팅에 30분 늦었다.")
③ 질문자는 "왜 늦었어요?"라고 묻는다.
④ 답변자는 1분 동안 이유를 자유롭게 설명한다. '전철이 늦게 도착해서'같이 변명할 가능성이 크다.
⑤ '왜'라는 질문을 '어떻게'로 바꿔서 다시 묻는다.
  ("어떻게 하면 시간 내에 도착할 수 있을까요?")

⑥ 질문이 바뀌면 변명 대신 '더 빠른 교통수단을 선택한다' 등
　의 해결에 도움이 되는 생각과 아이디어를 제시할 가능성이
　크다. 게임이 끝나면 각자의 소감을 나눈다.

'왜'라고 물었을 때의 대답과 '어떻게'라고 물었을 때의 대답은
다를 수밖에 없다. 질문에 따라서 상대방의 표정과 목소리가 얼
마나 달라지는지 살펴본다.

'백 투 더 퓨쳐' 게임

수십 년 후 미래로 시간여행을 떠났다고 가정하고 서로 대화하는 게임이다. 상대방의 모습이나 주변 환경에 대해 다양한 질문을 던질수록 상세한 미래 묘사를 계속 끌어낼 수 있다. 이 게임을 정기적으로 하다 보면 자신의 미래상을 더욱 정밀하게 묘사할 수 있고 구체적인 목표를 수립하는 데 용이해질 것이다.

이런 경험을 통해 미래 목표 설정, 목표를 위해 지금 무엇을 해야 하는지에 대한 전략 수립과 새로운 동기부여가 가능해진다. 대화를 녹음해서 다시 들어보는 것도 효과적이다.

① 2명이 1조를 이뤄 질문자와 답변자를 정한다.

② 질문자에게 기적 같은 일 덕분에 꿈꾸던 미래로 시간여행을 떠났다고 상상하게 한다.

③ 어느 정도의 미래라고 할 것인지 ○○○○년 ○○월 ○○일처럼 분명하게 설정한다. 답변자는 자신의 꿈을 이뤘다고 가정하고 몇 살일 때인지 분명히 한다.

④ 오랜만에 만나서 근황을 묻는 상황으로 2분 동안 대화를 나눈다. 첫 질문은 "오랜만이에요. 요즘 어떻게 지내요?"로 한다.

⑤ 답변자는 질문이 끝나면 깊이 생각하지 않고 곧바로 답한다. 직감적으로 떠오르는 생각을 말할수록 자신조차 놀랄

만한 미래의 모습을 그려내는 경우가 적지 않다. 그리고 "…라고 생각해", "…라면 좋겠어" 같은 미래형 표현은 금지다. 무조건 현재형으로 답한다.

⑥ 질문자는 답변을 듣고 5W1H(⇨ 27쪽)를 활용해 관련된 질문을 연달아 던진다.

("어디에 살아요?", "무슨 일을 해요?", "성공의 비결이 뭐죠?")

⑦ 역할을 교대해 같은 내용으로 2분 동안 묻고 답한다.

게임을 끝내고 실제로 그렇게 살기 위해 지금 무엇을 해보고 싶은지를 묻고 답한다. 이때 질문자는 답변자가 무슨 말을 하든지 "그거 좋네요!"라고 리액션을 해서 긍정적이고 건설적인 생각을 최대한 많이 끌어내는 것이 좋다. 이를 통해서 성장하려면 지금 반드시 할 일은 무엇이고, 미래에는 어떤 모습이 되고 싶은지 명확히 짚어볼 수 있다.

'명확한 답변'을 위한 방법

손으로 '쓰고', 소리 내어 '말하고', 귀로 '듣는' 것이 중요하다.

직접 대화하거나 편지를 써 생각과 감정을 전했던 예전과 달리 스마트폰과 이메일로 소통하는 요즘에는 기기에 '입력'하는 경우가 대부분이다. 내 의사를 확인한다거나 실천 여부를 묻는 질문을 받았을 때는 '오감을 활용해' 답변을 작성한다. 이는 생각을 명확히 하는 데 도움이 된다. 결정을 내리지 못하고 망설이거나 마음이 불안할수록 종이에 손으로 '쓰고', 입으로 소리 내에 '말해 볼' 것을 추천한다.

답변을 글로 옮기다 보면 생각이 정리된다.

새로운 아이디어를 찾거나 문제를 해결하고 싶을 때는 답변을 종이에 적어본다. 그러다 보면 생각이 정리되어 해야 할 일은 무엇이고 어떤 방향으로 진행할지 명확히 판단할 수 있다. 그리고 손을 쓰면 평소 잘 사용하지 않던 뇌의 영역을 자극하기 때문에 창의성이 향상될 수 있다. 또한 자신을 돌아보는 데에도 도움이 된다.

소리 내어 말하면 행동으로 옮길 수 있다.

질문에 답할 때는 소리 내어 말한다. 그러면 자신의 답에 자신감을 가질 수 있다. 또한 말하다 보면 뇌는 명령으로 받아들이기 때문에 행동으로 옮기는 데에도 도움이 된다. 달성하려는 목표와 미래상을 다른 사람에게 설명하거나 의견을 나눠보는 것도 좋다.

CHAPTER

4

상대방의
의욕을 북돋는
질문법

질문 하나로
생각과 행동을 바꾼다!

사람은 억지로 시킬 때보다 스스로 생각하고 판단할 때 적극적으로 행동하는 법이다. 남의 일이 아닌, '나의 일'로 여기는 습관을 갖게 하면 의욕을 북돋을 뿐만 아니라 더 좋은 성과도 기대할 수 있다. 이런 습관이 성장을 견인한다는 점을 깨달으면 사기도 올라간다.

1. 의지를 갖게 하는 질문

문제를 발견해도 '어차피 다른 사람이 할 일인데…'라고 생각한다면 의욕이 생길 리 없다. '이것은 어디까지나 내 일이야!', '해결하려면 내가 무엇을 어떻게 해야 하지?'라는 생각이 들어야 비로소 팔을 걷어붙이고 직접 나설 것이다.

관련 테마

내 일로 여기게 하기(⇨157쪽~)   업무효율 높이기(⇨164쪽~)
보고와 팔로업(⇨167쪽~)

2. 새로운 생각과 관점을 갖게 하는 질문

사람은 주관이라는 색안경으로 세상을 바라보기에 새로운 가치관을 가지려면 그 색안경을 벗거나 다른 안경으로 바꿔 써야 한다. 이를 위해서는 현실적인 제약이 없다고 가정하고 자유롭게 생각을 펼치는 것이 중요하다.

관련 테마
관점 바꾸기(⇨160쪽~)   아이디어 발굴하기(⇨162쪽~)
관계 개선하기(⇨179쪽~)

3. 마음을 움직이는 질문

상대방의 마음을 움직이는 표현을 사용하면 안정감을 주거나 사기를 끌어올릴 수 있다. 다만 감동을 느끼는 표현은 사람마다 다르기에 상대방의 특징을 잘 살펴서 효과적으로 전달할 수 있는 표현을 찾는다. 여기에 상대방을 포용하는 자세까지 보이면 탄탄한 신뢰를 구축할 수 있다.

관련 테마
불안과 불만 해소하기(⇨170쪽~)   감사와 칭찬하기(⇨174쪽~)
가이드하기(⇨177쪽~)

오늘 회의, 보고서로 정리해줄래요?

오늘 회의를 문서로 남기는 이유가 뭐라고 생각해요?

어떻게 정리하면 좋을 것 같아요?

'일의 목적'을 생각하도록 한다.

열의를 가지고 자발적으로 일하게 하려면 일방적으로 지시하는 것이 아니라 보고서를 만들고 자료를 정리하는 이유가 무엇인지, 어떻게 활용하려고 하는지를 스스로 생각하게 한다. 그러면 목적의식과 책임감을 갖고 나름대로 깊이 생각하면서 일을 처리할 것이다.

무슨 생각을 하면서
일해요?

지금 하는 일이
어떤 성과를 만들 것 같아요?

우리가 하는 일이 누구에게 어떤 기쁨을 줄까요?

'일의 가치'를 깨닫도록 한다.

하고 있는 일이 '누구에게 어떤 가치를 제공하고 있는지', '어떤 보탬이 되고 있는지'를 생각하게 한다. 자신이 창출하고 있는 가치를 인정할 수 있다면 그만큼 더 의욕적으로 업무에 임하게 될 뿐 아니라 자신감도 끌어올릴 수 있다.

이번 목표는 뭐죠?

이번 목표를 달성하면 뭘 배울 것 같아요?

☑ 추가질문

그걸 배우면 어떤 점에서 좋을 것 같아요?

'도움이 되는 일'이라고 느끼게 한다.

단순히 목표가 무엇인지 묻기보다 '목표를 달성했을 때 어떤 도움이 될 것인가'라는 한 걸음 더 나아간 질문을 던진다. 밝은 미래를 떠올릴수록 최선을 다해야 하는 이유를 스스로 발견할 수 있고 그 과정에서 자연스레 의욕도 더 갖게 된다.

항상 변명만 늘어놓는군요?

회장님이라면 상황을 어떻게 풀었을 것 같아요?

○○ 씨였다면 어떻게 해결했을까요?

'뛰어난 능력을 가진 사람의 관점'에서 생각하게 한다.

좋은 평가를 받은 사람이나 모두가 존경하는 사람이라면 어떻게 대처했을 것인지 상상하게 한다. 하고 있는 일을 새로운 관점에서 바라보고 시뮬레이션하다 보면 반성하거나 개선할 점이 무엇인지 알 수 있다.

다 이해했죠?
괜찮겠어요?

이 내용을 다시 지시한다면
어떻게 설명할 거예요?

이 내용을 담당자들에게 어떻게 전달할 거예요?

'누군가를 지도하는 입장'에서 생각하도록 한다.

의지가 부족하거나 책임감이 없는 등 업무 태도에 문제가 있는 사람에게는 다른 관점에서 생각할 수 있는 질문을 던진다. 지시를 받는 입장이 아니라 누군가에게 지시하는 입장이 되어 생각하면 자신의 행동을 제3자의 시점에서 관찰하게 된다.

뭐 새로운
아이디어 없어요?

요즘 어떤 것에
관심이 있어요?

☑ 이렇게 질문해도 OK

요즘 주변에서는 무슨 얘기를 많이 해요?

'관심 있거나 궁금한 것'을 표현하게 한다.

평소에 관심 있는 주제가 무엇인지 자유롭게 생각하도록 질문을 던진다. 각자 흥미 있는 주제를 나누고 정보를 공유하다 보면 새로운 생각이 떠오를 것이다. 참신한 아이디어는 서로 다른 생각을 '융합'하는 과정에서 탄생하기 때문이다.

예전에 반응이 좋았던 아이디어가 뭐였죠?

마음대로 할 수 있다면 뭘 시도해보겠어요?

예산을 마음껏 쓸 수 있다면 무엇을 할 수 있을까요?

'틀 밖에서' 자유롭게 생각하도록 한다.

새로운 아이디어가 필요할 때는 과거에 얽매이지 않아야 한다. 온갖 제약을 없애고 엉뚱한 의견도 말할 수 있는 분위기가 필요하다. 일단 생각을 자유롭고 과감하게 표현할 수 있도록 판을 깔아준다. 옥석을 가리는 것은 아이디어가 충분히 도출된 뒤에 해도 된다.

왜 이 업무가
뒤로 밀려있죠?

전체적으로 봤을 때,
가장 시급한 일이 뭘까요?

어떻게 진행할 건지, 계획을 이야기해줄래요?

일의 '우선순위'를 알도록 한다.

재촉할수록 초조함과 혼란스러움을 가중시킬 뿐이다. 상황이 어수선할수록 일의 우선순위와 처리 순서를 짚어보게 하는 것이 중요하다. 어떤 순서로 풀어갈지 정하면 불안한 마음을 가라앉히고 차분히 일에 몰두할 수 있다.

왜 그렇게
오래 걸려요?

어떤 순서로 진행하면
잘 될 것 같아요?

완성하기까지 시간이 얼마나 필요해요?

일의 순서를 '시뮬레이션'하게 돕는다.
시간낭비가 심한 사람에게는 어떤 순서로 진행할지 시뮬레이션하게 한다. 이를 계기로 상대방은 일하는 방식을 개선할 수 있고, 일의 순서를 염두에 두는 습관을 기를 수도 있다. 궁극적으로는 낭비 없는 업무 프로세스를 설계하는 데 필요한 역량을 갖추게 된다.

정말 기한 내에
끝낼 수 있어요?

그렇게 일정을 잡은
이유가 뭘까요?

☑ 추가질문

기한 내에 끝내지 못하면 누가 곤란해질 것 같아요?

'일정을 설정한 이유'에 대해서 깨닫도록 한다.

단순히 기한 내에 끝낼 수 있는지만 물으면 재촉하는 것으로 끝나고 만다. 이보다는 '왜 그렇게 설정했는지'를 물으면 상대방은 답하는 과정에서 일을 추진하게 된 배경과 중요성 그리고 목표처럼 본질적인 부분 등을 이해하게 될 것이다.

166

왜
보고하지 않죠?

무엇 때문에 보고하는 것을
강조한 것 같아요?

언제 보고하는 게 좋겠어요?

보고의 '필요성'을 느끼게 한다.

정확하고 시의적절한 보고는 원활한 업무를 위해 없어서는 안 되는 요소다. 그 중
요성을 느끼지 못하는 사람에게는 추궁하지 말고 보고의 의미를 어떻게 생각하는
지 단도직입적으로 묻는다. 필요성을 깨달으면 별도의 지시 없이도 자발적으로 보
고하게 된다.

좀 제대로
보고할 수 없어요?

제대로 보고하지 않으면
어떤 문제가 생길 것 같아요?

공유하는 게 좋겠다고 생각한 내용은 뭐죠?

충실하지 않은 보고가 불러올 '위험'을 인식하게 한다.
전달할 내용을 취사선택하는 작업은 결코 녹록하지 않다. '굳이 이야기하지 않아도 되겠지'라고 판단한 것이 실은 중요한 내용이었다면 추후 큰 문제가 된다. 내용 전달이 충분하지 않으면 어떤 문제가 생길 수 있는지 깨닫고 제대로 보고할 수 있게 한다.

그때 그 안건,
어떻게 되고 있죠?

지난번에 보고한 뒤로
얼마나 진행됐어요?

혹시 문제는 없어요?

편안한 분위기에서 확인하고 '지원'해준다.

맡기는 것과 방치하는 것은 엄연히 다르다. 믿고 맡긴다는 인상을 주면서도 보고로 상황을 확인한다. 필요한 것은 무엇이든 지원하겠다는 자세를 보여줌으로써 안심하고 보고할 수 있는 분위기를 조성하는 것도 매우 중요하다.

지금 어떤
문제가 있어요?

지금 어느 정도로
심각한 상황이죠?

어떻게 도와주면 좋겠어요?

'정확히 파악' 후 적절히 지원한다.

문제가 있는지 물으면 상대방은 자신의 잘못을 감추려고 솔직히 대답하지 않을 수
있다. 그러나 문제의 심각성을 수치로 표현하라고 하면 있는 그대로 보고할 가능
성이 크다. 이렇게 되면 상황을 더 정확하게 파악할 수 있고, 이를 바탕으로 일이
더 커지기 전에 지원할 수 있다.

지난번 그 안건, 불안한 부분은 없어요?

나중에 문제될 만한 부분이 있을까요?

그 원인을 미리 제거하려면 어떻게 해야 할까요?

위험요인을 '구체적으로' 예상하도록 한다.

막연한 불안감을 갖고 있을수록 일에 집중하기 어렵다. 초조함을 느끼는 이유와 일의 장애물은 무엇인지 구체적으로 식별하도록 질문을 던진다. 그리고 마음 편히 일에 집중할 수 있게 위험요인에 대해 어떻게 대처할 것인지도 생각하게 한다.

크게 불편한 건
없죠?

예전 사무실과는
분위기가 사뭇 다르죠?

☑ 추가질문

적응되면 새롭게 해보고 싶은 건 뭐에요?

변화 속에서 '안정감'을 찾도록 돕는다.

인사이동하거나 진급할 때 여러 이유로 불안감을 느끼는 것은 당연하다. 주변에 이런 사람이 있다면 먼저 다가가서 도움의 손길을 내밀어보자. 어떤 점을 불안하게 느끼는지 솔직하게 이야기할 수 있는 분위기를 제공해줄 수 있는 질문이다.

지금 팀에
어떤 점이 불만이에요?

지금 팀에서 어떤 역할을
담당해보고 싶어요?

어떤 역할이 주어지면 실력을 발휘할 수 있을 것 같아요?

'하고 싶은 것'이 무엇인지 질문한다.

기운이 없거나 상황에 불만이 가득한 사람에게는 하고 싶은 일은 무엇인지 질문
을 던진다. 답하는 과정에서 강점을 십분 활용하면서도 의욕적으로 일할 수 있는
일이 무엇인지 깨닫는다면 더할 나위 없다. 이를 통해 적극적인 행동도 끌어낼 수
있다.

지난번 그 일, 힘들었죠?

정말 큰 보램이 됐어요. 꽤 까다로웠죠?

☑ 이렇게 질문해도 OK

덕분에 잘 끝냈어요. 고생 많았죠?

'감사의 말'로 노고를 위로한다.

쉽지 않은 일을 처리해준 것에 대해 감사하는 말을 한 뒤 질문을 던진다. 이는 인사로 흔히 사용하는 "잘 지내시죠?" 같은 질문이다. '당신의 수고를 잘 알고 있다'는 뉘앙스를 담은 표현으로 상대방에게 감동을 줄 수 있다.

요즘 바쁘긴 했지만,
견딜 수 있죠?

요즘 고생 많았죠?
뭐가 제일 힘들어요?

누구의 도움이 제일 필요해요?

'어려움'에 귀를 기울인다.

피곤해 보이는 사람에게는 그 이유를 묻는다. 혼자 고민한다거나 누군가의 도움
이 필요한 것 같다면 함께 대책을 찾는다. 이야기를 다 들은 뒤에는 "수고 많아요",
"고마워요"라고 위로하는 말을 덧붙이면 효과만점이다.

이제는 충분히
잘하게 된 것 같죠?

작년과 비교해서
더 잘하게 된 건 뭔가요?

최근에 어떤 일로 칭찬받았어요?

얼마나 '성장'했는지 깨닫게 한다.

단순히 "잘했어요"라고 하기보다 얼마나 능력이 향상됐는지 짚어보게 한다. 그러면 얼마나 성장했는지 새삼 깨닫고 자신감도 얻을 수 있다. 여기에 "내년에는 어떤 걸 할 수 있게 되면 좋겠어요?"라는 질문을 곁들이면 의욕을 북돋고 성장하게 하는 데 도움이 된다.

그 프로젝트 멤버로
추천해도 좋죠?

혹시, 지난번에 얘기했던
프로젝트에 관심 있어요?

☑ 이렇게 질문해도 OK

프로젝트에 참여한다면 어떤 역할을 해보고 싶어요?

'선택지'를 제시한다.

누군가 시켜서 하는 일인지, 자신이 스스로 결정한 일인지에 따라 의욕은 크게 달라진다. 우선 상대방이 흥미를 보이는지 확인한 뒤 '이 일을 꼭 맡아주었으면 한다'는 기대와 믿음을 전달하는 게 좋다. 그래야 자신의 길을 스스로 결정하고 있다고 느낄 것이다.

지시하지 않으면
아무것도 못 해요?

그다음에는
무엇을 하는 게 좋겠어요?

그렇군요. 왜 그렇게 생각했죠?

'스스로' 생각하게 한다.

지시를 기다리는 것에서 벗어나게 하려면 스스로 생각하고 행동하는 습관을 길러주어야 한다. 위의 질문을 받았을 때 "이렇게 하고 싶은데, 어떤가요?"라고 반응하게 만드는 것이 가장 이상적이다.

○○ 씨의
어떤 점이 못 미더워요?

○○ 씨에게
장점이 있다면 뭘까요?

○○ 씨는 뭘 잘하는 것 같아요?

'관점'을 바꿔 생각하게 한다.

불편한 사람에게서는 못마땅한 점들만 눈에 띄는 법이다. 하지만 객관적으로 보면 어딘가 좋은 점이 분명히 있다. 새로운 관점으로 보게 하기 위해서는 '장점이 있다면'이라는 가정을 덧붙여 질문한다. 상대방에 대한 인식이 달라지면 관계도 개선할 수 있다.

○○ 씨가 불편한
이유가 뭐에요?

○○ 씨는 어떤 걸
중요하게 여기는 것 같아요?

○○ 씨와의 공통점은 뭐가 있을 것 같아요?

'상대방의 가치관'을 알도록 이끈다.

편견을 없애려면 '상대방이 중요하게 여기는 것이 무엇인지'를 물어보자. 불편하게 여겼던 사람의 가치관을 가만히 살피다 보면 새로운 모습을 발견하거나 오해가 풀리는 경우도 있다. 상대방을 더 많이 인정할수록 불편했던 감정은 점차 사그라질 것이다.

질문력을 기르기 위한
실전연습

'네 마음을 보여줘' 게임

다양한 대답이 나올 수 있는 질문을 던져 각자가 가진 다양한 생각을 들어보는 게임이다. 미처 생각하지 못했던 다른 면을 발견하면 다름을 인정하고 이해하면서 친밀도를 높일 수 있다.

① 공유하고 싶은 테마와 관련된 질문을 3~5가지 정도 모은다. (⇨217쪽 부록)
② 사회자가 질문을 읽으면 1분 내로 답을 적는다.
③ 돌아가며 종이에 적은 대답을 큰 소리로 읽는다. 다른 사람들은 내용이 어떠하든 동의하는 의미로 "그렇군요!"라고 외치며 박수친다.
④ 모든 사람의 발표가 끝나면 다음 질문으로 넘어간다.
⑤ 모든 질문에 답하고 나면 다른 사람의 이야기를 들으며 깨달은 점과 새롭게 발견한 점 등을 종이에 적어 발표한다.

상대방에게서 의외의 모습을 발견했거나 이번에 새롭게 깨닫게 된 것이 있다면 솔직히 이야기를 나눠보는 것도 중요하다. 이를 통해 서로를 더 많이 이해하고 조직의 결속력을 높여 결과적으로 성과를 창출하는 것으로 연결될 수 있다.

'칭찬 샤워' 게임

평소 칭찬받았으면 하고 생각했던 점들을 종이에 적으면 주변 사람들이 그대로 칭찬해주는 게임이다.

'칭찬받고 싶다'는 것은 노력하고 있음을 알아봐 주기를, 그리고 잘했다고 인정해달라는 의미다. 이렇게 상대방이 원하는 바를 알면 어떤 부분에 관심을 두어야 할지 분명해져서 효과적인 질문을 던지는 데 도움이 된다. 특히 팀 단위로 일하는 사람들에게 추천하는 게임이다.

① 4~6명이 1조를 이룬다.
② 모두에게 종이와 필기도구를 준다.
③ '들으면 기분이 좋아지는 칭찬'을 평상시에 자주 사용하는 말투로 10개씩 적는다. 가급적 크게 써서 종이를 가득 채운다.
④ 각 건마다 칭찬받을 사람을 1명씩 정한다.
⑤ 칭찬받을 사람은 자신이 작성한 종이를 잘 보이게 한다.
⑥ 칭찬하는 사람은 1분 동안 종이의 내용을 그대로 표현해준다. 익숙해지면 이유와 디테일, 느낌 등을 덧붙인다.

예시 요리 정말 잘 하네요!

지난번에 만들어준 그 요리, 정말 맛있었어요!

⑦ 칭찬받는 사람은 겸손한 자세를 보이거나 부정하지 않고 "자주 듣는 말이에요", "정말 그렇죠?" 등으로 대답한다.

⑧ 1분이 끝나면 칭찬받은 사람의 소감을 들어본다.

⑨ 다른 사람들도 돌아가며 같은 방법으로 해본다.

게임일 뿐이라는 것을 알면서도 칭찬으로 한바탕 샤워하면 기분이 좋아진다. 칭찬만으로도 사기를 북돋울 수 있다는 사실을 체험해보자.

의욕을 불러일으키는 스위치

'의욕을 불러일으키는 표현'은 사람마다 다르다. 어떤 표현을 사용해야 의욕을 불러일으킬 수 있을까? 내게 동기부여가 되는 말도 상대방에게는 통하지 않을 수 있다. 오히려 의욕을 떨어트리기도 한다. 상대방의 의욕을 불러일으키는 스위치를 정확하게 켜기 위해 어떤 표현을 쓰는 것이 좋을지 살펴본다.

어떤 이야기를 들었을 때 동기부여가 되는지를 기준으로 사람들을 구분하면 4가지 유형으로 나눌 수 있다.

① 사람들과의 관계를 중시하는 '커뮤니케이션형'
② 상사의 도움 없이 직접 하기를 원하는 '자립형'
③ 미래에 관한 생각에 능한 '미래지향형'
④ 과거를 분석해 개선점을 찾는 것에 능한 '위험분산형'
다음 질문에 대한 대답으로 어느 유형에 속하는지 알 수 있다.

예시 **Q** 어떤 업무 분위기에서 의욕이 생기나요?

A 저를 응원하고 격려해줄 때 생겨요. (커뮤니케이션형)

A 혼자 알아서 할 수 있게 믿고 맡겨줄 때 생겨요. (자립형)

A 과거 말고, 새 아이디어를 중시할 때 생겨요. (미래지향형)

A 문제를 파악하고 대책을 고민할 때 생겨요. (위험분산형)

〈커뮤니케이션형〉의 키워드 : 돌봄

'언제나 나를 걱정해주는 사람이 있다'고 느낄 때 힘을 내 일한다. 이런 사람은 아무런 소통 없이 방치하면 동기부여가 되지 않으므로 늘 적극적으로 소통해야 한다.

> **예시** 요즘은 어떻게 진행하고 있어요? (○)
>
> 혹시 도와드릴 일 있나요? (○)
>
> 고민되는 부분은 없어요? (○)
>
> 필요하면 불러요. (×, 홀대받는다고 느낀다.)
>
> 혼자서도 할 수 있죠? (×, 도움을 요청하기 어려워져 불안을 느낀다.)

〈자립형〉의 키워드 : 거리 두기

업무 처리 과정에 깊이 관여하는 것을 좋아하지 않는다. 간섭한다고 느끼지 않도록 필요한 말만 해서 상황을 파악한다.

> **예시** 지금까지 몇 퍼센트 정도 처리됐죠? (○)
>
> 필요한 것 있으면 언제든 말해요. 알겠죠? (○)
>
> 진짜 괜찮겠어요? (×, 믿지 못한다고 생각해 불만을 갖는다.)
>
> 뭐 걱정되는 건 없어요? (×, 잔소리라고 느껴 멀리한다.)

〈미래지향형〉 키워드 : 변화

미래에 대해 생각하는 것에 능한 사람에게는 새로운 아이디어를
제안할 기회를 주자. 가능성보다 발상 자체를 높이 평가한다.

예시 어떻게 해야 더 잘할 수 있을 것 같아요? (O)

새로운 아이디어가 있는데, 들어보겠어요? (O)

더 의욕적으로 일하려면 무엇이 필요할까요? (O)

작년 같아서 좋네요. (×, 개선의 여지가 없어 열의를 갖지 못한다.)

빠짐없이 정리해줘요. (×, 재미를 못 느끼면 의욕도 꺾인다.)

〈위험분산형〉 키워드 : 안정

개선방안을 찾는 데 능하고 실패의 원인을 파헤치려는 완벽주의
자다. 리스크를 최소화할 수 있는 방법을 생각하도록 이끈다.

예시 잘 진행되지 않을 경우, 원인은 뭘까요? (O)

어떤 위험요소가 숨어 있는 것 같아요? (O)

개선하려면 뭘 어떻게 해야 할까요? (O)

아이디어 없어요? (×, 잘하는 일이 아니라고 생각해 낙담한다.)

이번엔 새로운 게 나오겠죠? (×, 기대가 아닌 압박으로 작용한다.)

CHAPTER

5

능력 있는
사람들의 습관,
자문자답

자신과의 대화로
최고의 질문법을 완성하라!

자신에게 질문을 던지면 지금의 나를 객관적으로 바라보게 되어 생각이나 행동을 개선할 기회를 마련할 수 있다. 질문의 효과도 직접 체험할 수 있다. 자신에게 좋은 질문을 던질 수 있는 사람은 다른 사람에게도 좋은 질문을 할 수 있다.

1. 평정심을 되찾는 질문
마음에 여유가 없거나 불만이 있으면 사람들을 부드럽게 대할 수 없다. 평정심 유지를 위해 '어떤 생각이 마음을 가라앉힐까?' 하는 질문을 나에게 던지다 보면 다양한 열쇠를 발견할 수 있다.

관련 테마
감정 다스리기(⇨193쪽)　객관적으로 바라보기(⇨195쪽)
감사하는 마음 갖기(⇨205쪽)

2. 자신의 능력을 계발하는 질문

같은 질문을 받더라도 내가 처한 상황이나 경험치에 따라 다른 답을 내놓게 되는 경우가 있다. 내가 답한 내용을 기록해두면 과거와 현재를 비교해 그동안 얼마나 성장했고 달라졌는지 알 수 있다. 아무리 부정적이고 소극적인 답이라도 기록한다.

관련 테마
문제발견 능력 기르기(⇨199쪽)　　문제해결 능력 기르기(⇨201쪽)
리더십 계발하기(⇨207쪽)

3. 생각을 행동으로 옮기기 위한 질문

나의 답에 대해서 '이를 위해 지금 할 수 있는 것은 무엇인가?'라는 질문을 던진다. 항상 긍정적인 자세를 유지하면서 생각을 행동으로 옮기려는 자세를 갖는 것이 중요하다. 한 걸음씩 내딛다 보면 탄력을 받아서 남은 과정도 순조롭게 진행할 수 있다.

관련 테마
우선순위 정하기(⇨197쪽)　　미래상 그리기(⇨209쪽)　　실천하기(⇨211쪽)

어떻게 하면
기쁨을 되찾을 수 있을까?

스트레스나 피로, 초조함을 느낄 때

'만족감'을 주는 것이 무엇인지 발견한다.

일이 생각대로 풀리지 않으면 화가 나거나 초조함을 느끼고 스트레스를 받기 마련이다. 이럴 때는 나를 기쁘게 하는 것이 무엇인지 생각해본다. 나는 무엇에 만족감을 느끼는지 리스트로 정리하는 것이다. 돈과 시간을 들이지 않고 바로 할 수 있다면 제일 좋다.

무엇 때문에
이렇게 화가 났지?

☑️ 이럴 때 활용한다 ──────────────────

다른 사람의 말과 행동 때문에 화가 날 때

자신을 '냉정하게' 돌아본다.

상대방의 말과 행동 때문에 화가 났다면 방치하지 말고 무엇 때문에 짜증이 났는지 냉정하게 분석한다. 화가 난 이유의 대부분은 상대방이 나를 무시했거나 내 의견을 부정했기 때문이다. 서로의 가치관 차이를 인정하면 마음이 한결 편안해질 것이다.

거울에 비친 나는
어떤 모습일까?

상대방의 태도나 표정이 불편하게 느껴질 때

나를 '객관적'으로 점검한다.

나의 표정과 몸짓은 거울에 비춰보지 않는 이상 직접 볼 수 없다. 다른 사람들은 내 모습을 어떻게 바라보고 있을까? 나는 지금 미소를 띠고 있는가? 이렇게 '상대방이 나의 표정을 보면 어떻게 느낄까?'라고 상상하면서 나의 모습과 인상을 객관적으로 점검한다.

저 사람의
장점은 뭘까?

☑ 이럴 때 활용한다

불편한 사람과 관계를 풀고 싶을 때

상대방의 '장점'을 찾는다.

장점보다 단점이 눈에 잘 띄기 마련이다. 부족한 점에 초점을 맞추면 어느새 그 사
람 자체를 부정해버리기 쉽다. 그러나 다른 각도로 보면 그런 사람에게서도 장점
을 찾을 수 있다. 좋은 점이 무엇인지 살피면 상대방을 존중하는 계기를 마련할 수
있다.

나를 지치게 하는 것은
무엇일까?

시간이 부족하다고 느낄 때

'하고 싶은' 일인지, '억지로' 하는 일인지 살펴본다.

'하고 싶어서 하는 일'과 '무리해서 하는 일'은 에너지 소모량과 지속가능성에서 차이가 크다. '무리해서 하는 일'이 무엇인지 스스로 깨닫지 못하고 계속하면 '번아웃'될 수도 있으니 주의한다. '괴로움'과 '힘듦'을 감지하는 안테나를 세우고 즐겁게 일하는 방법을 찾아보자.

손에서 놓아야 할
일은 뭘까?

☑ 이럴 때 활용한다

타성에 젖은 채로 무엇인가를 계속 하고 있을 때

때로는 '내려놓아야' 한다.

시간이 부족해 일의 우선순위를 정해 처리해야 할 경우에도 별다른 고민 없이 늘 하던 대로 행동하는 경우가 있다. 시간을 효율적으로 사용하고 기대하는 성과를 내기 위해서는 불필요한 것이 무엇인지 반드시 확인해야 한다.

지금
뭐가 문제일까?

☑ 이럴 때 활용한다

매너리즘에 빠졌을 때

문제를 '발견'하는 눈을 가진다.

문제를 '해결'하는 것보다 중요한 것은 미리 '발견'하는 것이다. 무엇이 문제인지 제대로 인식하지 못하면 실수를 막을 수 없다. 지금 주변에서 벌어지는 문제가 무엇인지 자문자답하다 보면 문제를 미리 발견하는 습관을 기를 수 있다. 위험요소는 가급적 빨리 제거한다.

내일까지 꼭 처리할 일이 뭐였지?

☑ 이럴 때 활용한다

집중력이 떨어진 것 같을 때

목표는 '명확하게' 설정한다.

예문에서의 '내일까지'는 '1시간 내로', '퇴근 전까지'처럼 시간적으로 구분할 수 있는 표현이라면 무엇으로든 대체할 수 있다. 목표를 명확히 설정하고 무엇을 달성해야 할지 자문자답하면 한정된 시간 내에 더 좋은 성과를 내기 위해 최선을 다하게 된다.

저 사람은 뭘
중요하게 여길까?

다른 사람과 의견이 대립할 때

'다른' 판단기준과 가치관을 인정한다.

누구나 자신만의 기준이 있다. 소중히 여기는 것과 좋아하는 것도 제각각이다. 그만큼 다양한 가치관이 있음을 인정하면 어떠한 대답도 '정답'이 될 수 있다. "아, 그렇게 생각할 수도 있겠네요"라며 있는 그대로 받아들이면 생각을 자유롭게 주고받는 관계를 만들 수 있다.

그분은
어떻게 했을까?

좋은 아이디어가 떠오르지 않을 때

'존경하는 사람의 관점'에서 바라본다.

판단하기 어렵거나 좋은 생각이 떠오르지 않으면 존경하는 사람의 관점으로 본다. '그분이라면 이렇게 했을까?', '예전에 이렇게 제안하신 적이 있었지!'처럼 롤모델로 여기는 사람이 됐다는 가정 하에 생각하고 행동하면 현상을 바라보는 새로운 관점을 얻을 수 있다.

도움을 주고받을 수 있는 사람은 누가 있을까?

일하다가 막혔을 때

'시너지'를 낼 수 있는 관계를 만든다.

혼자 아무리 노력해도 할 수 없는 일이 있다. 각자의 강점을 바탕으로 시너지를 낼 수 있는 파트너를 찾는다. 도움을 주고받는 관계를 구축하면 능률도 끌어올릴 수 있다. 그리고 이런 네트워크를 구축하기 위해서라도 자신 있게 남을 도와줄 수 있는 힘을 기른다.

이번 일을 통해
무엇을 배워야 할까?

어떤 문제나 어려움을 만났을 때

어려움을 '배울 기회'라고 받아들인다.

누구나 업무나 일상의 문제 때문에 지칠 수 있다. 이를 어떻게 받아들이느냐에 따라 스트레스를 바로 해소할 수도 있고 끌고 갈 수도 있다. 이 일을 통해 무엇을 배워야 할지 판단해서 성장을 위한 발판으로 삼겠다는 긍정적인 생각이 중요하다.

나는 어떤 상황에서
감사함을 느꼈을까?

누군가에게 도움을 받았을 때

'작은 일'에도 감사함을 느낀다.
사소한 일에도 감사를 느낄 줄 아는 사람이 되기 위한 질문이다. 매사를 당연하게 여긴다면 감사가 싹틀 수 없다. 반대로 어떤 일에도 감사하는 마음을 가지면 겸손한 마음으로 사람들을 대할 수 있다. 작은 일에도 즐거움을 느끼는 사람은 상대방도 기분 좋게 만든다.

요즘 누구에게
도움을 받았지?

초조하고 화내는 일이 잦아졌을 때

'고마움'을 표현할 대상을 살펴본다.

너무 바쁘거나 스트레스를 받다 보면 주변 사람들이 나에게 도움을 주고 있다는 사실조차 잊는 경우가 있다. 이런 상태가 이어지면 인간관계도 악화될 수밖에 없다. 일이든 일상에서든 고마운 사람이 누구이며 그 마음을 어떻게 표현해야 할지 차근차근 생각해본다.

따르고 싶은 리더란
어떤 모습일까?

☑️ 이럴 때 활용한다

상사에 대한 불만이 가득할 때

'이상적인 모습'을 그려본다.

'이상적인 리더는 과연 어떤 모습일까?'라는 질문을 나에게 던진 뒤 '존경받을 만하다', '기꺼이 따르고 싶다'라고 생각한 모습을 적어본다. 이렇게 이상적인 모습을 묘사한 후에는 그런 사람이 되기 위해 무엇을 할 수 있는지 살피고 행동으로 옮긴다.

나를 설명하는 키워드를
3개만 꼽으면 뭐가 있을까?

인상 깊은 자기소개를 하고 싶을 때

'심플한 단어'로 나를 표현해본다.

나는 어떤 사람인지 스스로 묻고 3개의 키워드로 간결하게 나타낸다. 불필요한 수식어를 덜어낸 만큼 본연의 모습을 발견할 수 있을 것이다. 자기소개가 서투르다면 이렇게 나를 짧은 단어로 표현해보라. 단적으로 표현할수록 상대방의 기억에 오래 남는다.

10년 후,
나는 어떤 모습이 될까?

사기가 떨어져 있을 때

명확한 '미래상'을 그려본다.

10년 후 어떤 모습이 되기를 바라는가? 나의 미래상을 구체적으로 표현할수록 꿈을 이루기 위해 지금 당장 무엇을 해야 할지 쉽게 판단할 수 있다. 꿈을 이룬 나의 모습을 선명히 떠올릴 수 있다면 일에 대한 의욕도 유지할 수 있다.

나에게 어떤
투자를 하고 있지?

성과를 내고 싶을 때

어떤 '씨앗'을 뿌려야 할지 생각한다.

단지 즐기기 위한 행위는 '소비'이고, 미래를 준비하기 위한 행위는 '투자'다. 성장하기 위해서, 인간관계를 쌓기 위해서, 좋은 영향을 주는 사람이 되기 위해서 어느 정도의 돈과 에너지를 투자하고 있는가? 바라는 미래를 위해 씨앗을 충분히 뿌리고 있는지 생각해보자.

내일은
어떻게 보낼까?

☑️ 이럴 때 활용한다

열심히 하는데도 이렇다 할 성과를 내지 못할 때

잠들기 전에는 '내일의 계획'을 생각한다.

잠자리에서도 끙끙 고민해봤자 별 도움이 안 된다. 이렇게 하기보다 '내일을 어떻게 보내면 좋을까?'라는 쉽고 간단한 질문을 던진다. 그러면 기분도 새롭게 할 수 있고, 내일 할 일을 구체적으로 떠올릴 수 있어 매사에 적극적인 자세로 임하게 될 것이다.

지금 당장
할 수 있는 일은 무엇일까?

☑ 이럴 때 활용한다

무엇부터 시작할지 망설여질 때

결실을 얻으려면 '실천'이 필요하다.

생각만 하고 행동으로 옮기지 않으면 아무것도 이룰 수 없다. 하고 싶은 일이 무엇인지 정한 뒤에는 우선 무엇을 실천할지 구체적으로 생각해본다. 거창할 필요는 없다. 일단 첫걸음을 내딛으면 그다음부터는 탄력을 받게 될 것이다.

질문력을 기르기 위한
실전연습

위시리스트

'하고 싶은 무언가를 실천하는 것'은 자신을 즐겁게 하는 방법 중 하나다. 가끔이라도 시간을 내서 '하고 싶은 것'이 무엇인지 스스로 묻고 답하면서 큰일이든 작은 일이든 생각나는 대로 리스트를 만든다. 틈틈이 리스트를 보면서 조금이라도 행동으로 옮길 방법을 찾아야 결국 실현할 수 있다.

3장에서도 '질문에 대한 답을 종이에 적고 소리 내어 읽어볼 것'(⇨ 150~151쪽)을 권했다. 위시리스트도 마찬가지다. 리스트의 내용을 직접 읽으면 무엇을 하고 싶어 하는지 더욱 뚜렷하게 의식할 수 있다. 다른 사람에게 설명하거나 여러 사람 앞에서 발표하는 것도 권한다. 위시리스트를 실현하는 데 보탬이 되는 사람이 나타날 수도 있기 때문이다.

① 10분 동안 100개를 목표로 '하고 싶은 것'을 종이에 적는다.

이때 '~하고 싶다'가 아닌 '~했다'라고 완료형으로 적는다. 자기암시를 할 수 있고 실현했을 때의 희열을 미리 체험할 수 있기 때문에 더욱 분발하게 된다.

② 2명 이상의 사람들이 같이 하는 경우에는 작성한 것을 서로에게 소리 내어 읽어준다.

③ 위시리스트의 내용 중에서 가장 이루고 싶은 것을 1개 고른다.

위시리스트 관리수첩을 만들어 가끔씩 들여다보면서 실천한 항목은 줄을 그어 지워나간다. 그러면 원했던 것과 이루려 했던 것 중에 얼마나 실현했는지 알 수 있고, 평소에 자신이 노력해왔음을 깨닫게 되어 만족감을 얻을 수 있다.

꿈을 이루는 '만우절 자기암시'

4월 1일 만우절은 약간 거짓말을 해도 용서받을 수 있는 날이다. 이런 날, 뻔한 거짓말 대신 자신의 꿈을 이룬 것처럼 주변 사람들에게 알리는 것은 어떨까? 이런 자기암시적인 장난을 치다 보면 생각했던 것보다 빨리 꿈을 이루게 될 수도 있다. 하지만 허풍으로 끝나지 않도록 해야 할 일들을 실천하는 것도 중요하다.

'간절히 원하면 이루어진다'는 말이 있다. 간절히 원한다는 것은 강하게 의식하는 것을 의미한다. 성공한 모습을 머릿속에 늘 떠올리지 않으면 좋은 기회를 눈앞에 두고도 놓친다. 강하게 의식할수록 꿈을 이루는 데 보탬이 되는 정보와 사람들을 가까이 둘 수 있다.

만우절은 매년 찾아온다. 따라서 1년 단위의 목표를 수립하는 기회로 삼을 수 있다. 신년 포부 대신 매년 4월 1일에 꿈에 대해 이야기하는 연례행사를 가지는 것도 좋다. 어떤 형식이 됐든 정말 이루고 싶은 꿈을 이야기하는 것이 중요하다는 사실을 기억한다.

① 신문기사나 인터뷰 형태로 자신이 이루고 싶은 꿈을 문장과 사진 등으로 표현한다.

② 4월 1일에 SNS를 통해 발표한다.

③ 4월 1일 저녁, 또는 4월 2일이 되면 꿈을 발표했던 SNS에

만우절 장난이었음을 알린다.

④ 발표 내용을 그대로 믿고 연락한 사람들에게는 정중히 사과하고 취지를 설명한다.

⑤ 꿈을 실제로 이루기 위해서 '지금 할 수 있는 건 무엇일까?'라고 스스로에게 묻는다.

⑥ 답을 얻었다면 이를 잊지 않도록 항상 의식한다.

발표한 내용을 믿는 사람이 많다는 것은 전혀 이상하게 보이지 않을 만큼 그 꿈이 어울린다는 이야기다. 이런 꿈일수록 더 빨리 이룰 수 있다. '과연 내가 이룰 수 있을까?'라며 미심쩍어하지 말고 '진정 이루고 싶은 꿈'이 있다면 주변 사람들에게 당당히 선언해보자. 앞에서 소개한 '위시리스트'를 함께 활용하면 효과를 극대화할 수 있다.

부록

실천을 위한 첫걸음!
질문 만다라차트

부록에서는 실천을 위한 구체적인 방법으로 '질문 만다라차트'를 소개한다. 각 테마별로 8개의 질문이 수록되어 있다. 하나의 스토리로 연결된 질문들에 답하다 보면 생각을 행동으로 옮기는 데 필요한 힌트를 얻거나 해결방법을 발견할 수 있다. 같은 주제에 대해 각자 작성한 내용을 서로 공유하면 다각도로 볼 수 있는 시너지를 내서 참신한 아이디어와 깨달음을 얻을 수 있다.

① 현재 처한 상황과 기분에 맞게 지금 바로 해보고 싶은 차트를 선택한다. 질문이 같더라도 상황과 기분에 따라 다른 답이 나올 수 있다.

② A부터 H까지 순서대로 답을 작성하되 질문당 1분을 넘기지 않는다. 솔직하게 작성하는 것이 중요하다.

③ 각 항목에 답한 뒤 '한번 해보자'는 생각이 들면 하단의 액션 리스트에 '해야 할 일'과 '기한'을 적는다.

문제해결

문제를 만드는 사람은 바로 나 자신이다. 같은 현상을 두고도 어떻게 받아들이느냐에 따라 문제가 될 수도, 기회가 될 수도 있다. 지금 나는 왜 그것을 문제로 여기고 있는지 그 이유를 짚어본다.

　이 차트를 활용하면 문제에 부딪혔을 때 생각하지 못했던 해결책과 힌트를 얻을 수 있다.

F 해결에 도움이 되는 멤버는?	C 문제를 방치하면 안 되는 이유는?	G 지금 해야 할 것은?
B 그것이 문제인 이유는?	테마 **문제해결**	D 문제해결 후 기대하는 상태는?
E 해결의 실마리를 찾을 방법은?	A 문제가 되는 것은?	H 재발방지를 위해 염두에 둘 것은?

액션 리스트 언제까지 무엇을 할 것인가?

☐	년	월	일까지	
☐	년	월	일까지	
☐	년	월	일까지	

수익창출

고객이 기쁨을 느낄수록 매출로 연결되기 쉽다. 따라서 어떻게 팔 것인지가 아니라 어떻게 해야 고객을 감동시킬 수 있을지 고민한다. 철저히 고객 입장에서 생각하는 것이 무엇보다 중요하다.

이 차트를 활용하면 실적을 올리고 싶을 때 고객의 즐거움을 매출로 연결할 아이디어를 얻을 수 있다.

F 홍보의 방법은?	**C** 도움이 되는 자사 제품은?	**G** 그 가격에 판매하는 이유는?
B 고객이 겪고 있는 문제는?	테마 **수익창출**	**D** 고객이 구입하지 않는 이유는?
E 문제해결을 위한 방법은?	**A** 원하는 수익의 정도와 기한은?	**H** 이 제품을 구입해야 할 이유는?

액션 리스트 언제까지 무엇을 할 것인가?

☐	년	월	일까지
☐	년	월	일까지
☐	년	월	일까지

세일즈 포인트 발굴

자사 서비스(제품)의 특징을 막연하게 정의하면 부각할 포인트를 찾기 어렵고, 고객을 설득할 때도 난항을 겪는다. 자신 있게 비즈니스 하기 위해서라도 명확히 표현할 필요가 있다.

이 차트를 활용하면 매출이 감소세일 때, 다시 도약하고 싶을 때 비즈니스에 자신감이 붙는다.

F 장점을 살리기 위해 할 수 있는 것은?	**C** 한마디로 이 서비스(제품)를 표현하면?	**G** 고객만족을 위해 더할 수 있는 서비스(제품)는?
B 타사가 더 우수한 점은?	테마 **세일즈 포인트 발굴**	**D** 고객이 이 서비스(제품)을 선택한 이유는?
E 우리의 캐치프레이즈는?	**A** 타사보다 우수한 점은?	**H** 고객이 만족했던 조건은?

액션 리스트 언제까지 무엇을 할 것인가?

☐	년	월	일까지
☐	년	월	일까지
☐	년	월	일까지

직원들의 사기증진

상대방을 바꾸는 것보다 내가 바뀌는 것이 더 빠르다. 내가 달라지면 지금까지와는 다른 방식으로 생각을 표현하고 다른 사람을 대하는 마인드를 가질 수 있다.

이 차트를 활용하면 직원들이 더 의욕적으로 일했으면 할 때 직원을 대하는 태도가 달라진다.

F 칭찬하고 싶었던 경우는?	**C** 사기가 떨어지는 이유는?	**G** 직원들에게서 배울 점은?
B 직원들의 사기가 떨어지는 때는?	테마 **직원들의 사기증진**	**D** 일할 맛이 나는 상사의 모습은?
E 인정해줄 수 있는 경우는?	**A** 직원들이 미소 짓는 때는?	**H** 내가 달라질 수 있는 부분은?

액션 리스트 언제까지 무엇을 할 것인가?

☐	년	월	일까지
☐	년	월	일까지
☐	년	월	일까지

회의 퀄리티 향상

결실이 있는 회의를 위해서는 명확한 목적을 설정하고 이를 공유하는 것이 중요하다. 여기에 참석자들의 자발적인 참여까지 더해진다면 더할 나위 없다. 기존 틀을 벗고 새로운 생각을 펼쳐본다.

이 차트를 활용하면 적극적으로 회의에 참여했으면 할 때 참신한 아이디어 도출할 수 있고, 참석자의 유대를 강화할 수 있다.

F 적극적 참여를 위한 방법은?	C 자발적 참석을 위한 요소는?	G 회의의 룰을 사전에 전달할 방법은?
B 편하게 회의할 수 있는 곳은?	테마 회의 퀄리티 향상	D 참석자들이 기대하는 것은?
E 회의의 룰은?	A 회의의 목적은?	H 결정사항을 실행할 일정과 담당자는?

액션 리스트 언제까지 무엇을 할 것인가?

☐	년	월	일까지
☐	년	월	일까지
☐	년	월	일까지

스트레스 해소

나도 모르는 사이 쌓이는 스트레스를 해소할 방법을 찾기란 쉽지 않다. 스트레스가 줄수록 사람들을 부드럽게 대하게 된다. 긍정적인 마음가짐으로 스트레스에 대처하는 능력을 키워본다.

이 차트를 활용하면 피로가 쌓였을 때, 관계가 부드럽지 못할 때 어깨 힘을 빼고 마음을 가볍게 할 수 있다.

F 싫어하는 일과 작별하는 방법은?	C 마음이 차분해지는 장소는?	G 좋지 않은 일에서 얻은 교훈은?
B 들으면 기운이 나는 말은?	테마 **스트레스 해소**	D 언제 어디서나 응원해주는 사람은?
E 안도감을 주는 환경은?	A 지금 순조롭게 진행되는 일은?	H 일어날 것이라 기대하는 좋은 일은?

액션 리스트 언제까지 무엇을 할 것인가?

☐	년	월	일까지
☐	년	월	일까지
☐	년	월	일까지

목표달성

직장에서든 개인적으로든 목표를 달성하려면 목적과 방법을 명확히 해야 한다. 원하는 바를 이루기 위해서 당장 오늘부터 할 수 있는 것이 무엇인지 확인한다.

이 차트를 활용하면 목표달성을 원할 때, 불안할 때 자신감을 갖고 목표를 향해 나아갈 수 있다.

F 오늘 할 수 있는 일은?	C 협력할 사람은?	G 목표달성 때 얻을 보상은?
B 목표달성의 걸림돌은?	테마 **목표달성**	D 목표달성이 사회에 미칠 영향은?
E 목표달성의 일정은?	A 이루고자 하는 목표는?	H 목표달성을 위해 필요한 것은?

액션 리스트 언제까지 무엇을 할 것인가?

☐	년	월	일까지
☐	년	월	일까지
☐	년	월	일까지

내 몸 가꾸기

돈이 많고 여유로워도 건강을 잃으면 행복할 수 없다. 몸이라는 '자산'을 소중히 여기는 자세로 심신을 가다듬고 단련해야 한다. 일상에서 어떤 부분을 개선해야 도움이 될지 살펴본다.

이 차트를 활용하면 피로가 쌓였을 때, 계속 무리했을 때 건강 관리 습관을 기를 수 있다.

F 아침에 상쾌하게 일어나기 위한 방법은?	**C** 좋아하는 음식은?	**G** 피로회복을 위해 하고 있는 것은?
B 마음을 건강하게 해주는 음식은?	테마 **내 몸 가꾸기**	**D** 매일 하고 있는 운동은?
E 아침 자유시간을 갖기 위해 할 수 있는 것은?	**A** 몸을 건강하게 해주는 음식은?	**H** 기운 나게 하는 단어는 무엇인가?

액션 리스트 언제까지 무엇을 할 것인가?

☐   년   월   일까지

☐   년   월   일까지

☐   년   월   일까지

돈에 대한 올바른 가치관

돈에 지나치게 얽매여 불안해하고 불평하며 무슨 일이든 돈이 없는 탓으로 돌리는 사람들이 있다.

이 차트를 활용하면 돈에 대한 가치관을 올바르게 세울 수 있다. 이와 함께 돈에 대한 불안과 불만을 느꼈을 때 돈에 얽매이지 않고 긍정적으로 사고할 수 있다.

F	C	G
이번 달에 기부 예정인 금액은?	돈으로 할 수 없는 것은?	돈을 잘 벌기 위해 할 수 있는 일은?
B 돈으로 할 수 있는 일은?	(테마) **돈에 대한 올바른 가치관**	**D** 기분 좋게 돈을 쓸 수 있는 경우는?
E 돈이 존재하지 않았다면 가장 소중했을 것은?	**A** 나에게 돈이란?	**H** 돈을 버는 수단은?

액션 리스트 언제까지 무엇을 할 것인가?

☐   년   월   일까지

☐   년   월   일까지

☐   년   월   일까지

에필로그

좋은 질문을 던질 능력이 없었던 시절의 나에게 선물하고 싶었던 책이 바로 이 책입니다.

뛰어난 질문 스킬을 가지고 있지 않은 사람도 '상황별로 바로 꺼내 쓸 수 있는 예문'이 가득하기 때문입니다.

좋은 질문을 던질 수 있는 역량을 키우고 싶다고 생각하기 전에, 이 책에서 다루는 질문들을 자신의 일터와 일상의 공간에서 조금씩 활용해보기 바랍니다. 그것만으로도 예전보다 좋은 인간관계를 쌓을 수 있고 실적도 올라갈 테니까요.

학습서가 아닌, 실전에 활용할 수 있는 실용서를 쓰려고 노력했습니다. 마지막 쪽을 읽고 계신 걸 보면 의도한 대로 이 책을 활용하고 계신 것일 테죠.

한 번 읽고 덮기보다, 곤란한 상황에 처했거나 고민에 빠졌을 때 언제든 이 책을 펴보고 활용한다면 더할 나위 없이 기쁠 것입니다.

이 책을 집필하는 과정에서도 많은 분들의 도움을 받았습니다. 아낌없이 지원해주신 모든 분들께 진심으로 감사드립니다.

마쓰다 미히로

히오다 마사토 日小田正人

컨설팅을 하는 곳마다 '전년 대비 매출액 3배 증가', '이직률 0% 달성', '야근 시간 50% 감소' 등의 혁신을 이뤄내는 경영 컨설턴트. 판매심리학 이론을 바탕으로 '질문을 활용한 영업 방법론'을 개발했다. 조직과 구성원의 숨겨진 능력을 계발하고 최대로 활용하도록 돕는 그만의 질문법을 핵심으로 한 히오다컨설팅의 대표로 있다. 개인과 기업을 대상으로 한 컨설팅과 함께 연간 200일 이상 일본 전역에서 강연을 진행하고 있다. 질문경영연구소 이사로서 비즈니스 질문 전문가 양성에도 힘쓰고 있다.

마쓰다 미히로 松田充弘

일본에서 여러 언론의 주목을 받으며 NHK의 특집으로 다뤄지기도 했던 '마법의 질문법'을 개발한 커뮤니케이션 전략가. 일본 정신건강협회 공인 카운슬러로 카운슬링과 코칭 이론을 바탕으로 독자적인 질문법을 개발했다. 이 질문법을 활용한 수많은 이들이 업무능력 향상과 커뮤니케이션의 극적인 변화를 경험했다. 질문경영연구소 이사로 있으며 일본 전역에 마법의 질문 신드롬을 불러온 《마음의 엔진에 불을 붙이는 마법의 질문》과 《질문을 활용한 업무 기술》, 《비즈니스에서 가장 중요한 질문》 등의 저서가 있다.

스태프
디자인 호소야마다 미쓰노부, 야마모토 사토시(호소야마다 디자인사무소)
일러스트 무라카미 데쓰야 교정 와카이다 요시타카
원고·편집협력 하니와 기미코 고다마 편집사무소

옮긴이 **박종성**

연세대학교와 런던정치경제대학교 대학원을 졸업한 뒤, LG그룹 경영 컨설턴트로서 하이테크 및 에너지 분야의 사업 전략을 수립해왔다. 이와 더불어 어도락가(語道樂家)이자 엔터스코리아 소속 영어·일본어 전문번역가로서 세상 곳곳에서 피어나는 좋은 생각들을 향기로운 우리말로 옮겨 심고 있다. 작품으로는 《곤도의 결심》,《미사일 구조 교과서》 등이 있다.

능력 있는 사람은
질문법이 다르다

2018년 5월 8일 초판 1쇄 | 2018년 9월 6일 7쇄 발행

지은이·히오다 마사토·마쓰다 미히로
옮긴이·박종성

펴낸이·김상현, 최세현
책임편집·김선도 | 디자인·최우영

마케팅·김명래, 권금숙, 심규완, 양봉호, 임지윤, 최의범, 조히라
경영지원·김현우, 강신우 | 해외기획·우정민
펴낸곳·(주)쌤앤파커스 | 출판신고·2006년 9월 25일 제406-2006-000210호
주소·경기도 파주시 회동길 174 파주출판도시
전화·031-960-4800 | 팩스·031-960-4806 | 이메일·info@smpk.kr

ⓒ 히오다 마사토마쓰다 미히로(저작권자와 맺은 특약에 따라 검인을 생략합니다)
ISBN 978-89-6570-624-3 (03320)

쌤앤파커스(Sam&Parkers)는 독자 여러분의 책에 관한 아이디어와 원고 투고를 설레는 마음으로 기다리고 있습니다. 책으로 엮기를 원하는 아이디어가 있으신 분은 이메일 book@smpk.kr로 간단한 개요와 취지, 연락처 등을 보내주세요. 머뭇거리지 말고 문을 두드리세요. 길이 열립니다.